高校思政课教学与中华优秀传统文化融合研究

白瑞婷　周敏星　马　倩◎著

线装書局

图书在版编目（CIP）数据

高校思政课教学与中华优秀传统文化融合研究/白
瑞婷，周敏星，马倩著.--北京：线装书局，2024.1
　　ISBN 978-7-5120-5835-4

　　Ⅰ.①高… Ⅱ.①白… ②周… ③马… Ⅲ.①中华文
化—关系—高等学校—思想政治教育—研究—中国 Ⅳ.
①K203②G641

中国国家版本馆 CIP 数据核字(2024)第 032840 号

高校思政课教学与中华优秀传统文化融合研究
GAOXIAO SIZHENGKE JIAOXUE YU ZHONGHUA YOUXIU
CHUANTONG WENHUA RONGHE YANJIU

作　　者：白瑞婷　周敏星　马　倩
责任编辑：林　菲
出版发行：线装书局
　　　　　地　　址：北京市丰台区方庄日月天地大厦 B 座 17 层（100078）
　　　　　电　　话：010-58077126（发行部）010-58076938（总编室）
　　　　　网　　址：www.zgxzsj.com
经　　销：新华书店
印　　制：北京四海锦诚印刷技术有限公司
开　　本：787mm×1092mm　　1/16
印　　张：11
字　　数：210千字
版　　次：2024年1月第1版第1次印刷
定　　价：88.00 元

线装书局官方微信

前　言

在这个充满活力和变革的时代，高等教育不仅仅是传授知识，更是培养人才、传承文化、传递价值观念的重要平台。高校思政课作为高校教育体系中的重要组成部分，具有塑造学生思想观念、培养社会担当的使命。与此同时，中华优秀传统文化作为中国五千年文明的精髓，蕴含着丰富的智慧和价值观念，对于培养具有中华传统文化底蕴的人才，以及传承中华文化的使命至关重要。思政课教学旨在引导学生树立正确的世界观、人生观和价值观，而中华优秀传统文化则提供了丰富的文化资源，可作为实现这一目标的重要途径。在这个背景下，我们将深入探讨思政课与中华文化的关系，从多个维度探讨两者的融合之路。

基于此，本书以《高校思政课教学与中华优秀传统文化融合研究》为题，旨在深入探讨高校思政课与中华优秀传统文化的融合，以实现思政课的更好教学效果和中华文化的传承。首先，探讨了高校思政课教学的相关概念、高校思政课教学的育人机制，以及高校思政课的教学评价及其智慧改革；其次，分析了中华优秀传统文化对高校思政教育的浸润、高校思政课教学的中华优秀传统文化资源；最后，探究了高校思政课教学与中华优秀传统文化融合的时代使命、高校思政课教学与中华优秀传统文化的融合实践。

本书旨在深入研究高校思政课与中华优秀传统文化的融合，不仅探讨理论层面的问题，还关注实际教学中的应用。通过理论与实践相结合的方式，读者可以更好地理解如何将中华文化融入思政课教学，并在实际教学中应用这些理念。

笔者在写作的过程中，得到了许多专家学者的帮助和指导，在此表示诚挚的谢意。由于笔者水平有限，加之时间仓促，书中所涉及的内容难免有疏漏之处，希望各位读者多提宝贵意见，以便笔者进一步修改，使之更加完善。

目　录

第一章　高校思政课教学概论

第一节　高校思政课教学的原则与要求

一、高校思政课教学的原则

（一）思想性原则

1. 明确教学目的

贯彻思想性原则是实现思政课教学目的的重要步骤。思政课教师作为直接实施教学活动的主导力量，应充分认识这一原则的内涵及意义，其核心在于通过相关知识、理论的传授对学生进行思政教育，提高他们的思想觉悟和认识水平，而决不能把思政课看成单纯地教授知识、理论。为此，教师要深入领会教材内容，准确而严密地掌握知识、理论的科学性和思想性，做到方向明确、目标清晰，并在教学过程中，抓住重点、难点，以知识、理论的科学性突出教学的思想性，努力引导学生形成正确的科学观点；同时，以教学的思想性引领学生对相关知识、理论的学习和把握，提高他们对是非、善恶、美丑的分辨能力，实现知识体系向信仰体系的转化。

2. 严格遵守职业道德

高校思政课教师作为高校教师队伍的一支重要力量，是大学生健康成长的指导者和引路人。这一角色定位要求教师在贯彻思想性原则时，应做到两个方面：一方面，践行社会主义核心价值体系，遵守国家法律法规和教师职业道德规范，坚持学术研究无禁区、课堂讲授有纪律，帮助和引领学生形成正确的世界观、人生观和价值观；另一方面，不断提升理论水平和人格修养，不仅注重以自己深厚的理论功底和深邃的学术魅力去吸引学生，更要注重通过自己的言行，以崇高的敬业精神和强烈的社会责任感，以及坦荡的胸怀、正直的为人、端庄的仪表去感染、熏陶学生，让学生从对教师的敬佩和信赖中自觉接受和认同相关知识、理论，并使他们通过教师的品行思考如何立志、树德和做人。

3. 紧密联系学生实际

贯彻思想性原则的根本目的，是以知识、理论为载体对学生进行生动的、有针对性的思政教育，引导学生把知识、理论转化为正确的思想观念和科学的人生信仰。为此，教师要正确处理知识性与思想性之间的关系，既不能单纯地进行知识、理论的传授而不回答和解决学生的思想困惑，又不能脱离知识、理论片面强调思想教育而陷入空洞的说教。与此同时，要注重理论联系实际，根据学生的年龄特征和学习特点，通过多种多样的教学形式和方法，将思政课教学的知识性与思想性有机结合起来，充分发挥学生学习的主体作用，激发学生学习的积极性和主动性，最终使学生在知识、理论的学习、掌握上有新提高，在思想、观念的转变、确立上有新变化。

（二）启发性原则

1. 发扬教学民主

大学生既是思政课的教学对象，又是学习思政课的主体。思政课教学只有经过学生的思考、认同及内化才能发生作用，只有调动学生的学习积极性，使其主动参与并接受教育影响，才能产生良好效果。这一特点要求思政课教学必须树立正确的学生观，注重营造民主的环境和氛围，激发学生的主体意识，尊重学生的主体地位。只有建立民主平等的师生关系，学生才可能真正做到自由地、充分地提问和独立地思考，教师的启发才可能是有针对性的和有效的。

2. 创设问题情境

贯彻启发性原则必须做到有的放矢，否则，教学活动就没有针对性。而所谓的"的"，就是要根据教学内容，结合学生关注的社会问题或其自身的思想困惑，创设一定的问题情境，教师以非真理代言人和学术权威的角色，引导学生在此情境中质疑问题、积极思考和深入探究，使教学活动紧紧围绕提出问题和分析、解决问题而组织起来，并以此激发学生的学习兴趣，达到师生之间、学生之间的启发与互动。需要强调的是，问题情境的创设要具有新颖性、双向性和灵活性，并与思政课教学内容及学生的身心特点和思想实际相适应。

3. 运用多种方法

贯彻启发性原则要摒弃机械和教条，要以图文并茂、视听结合的问题形式来吸引学生的注意、唤醒学生的思维,以专题讲授、问题讨论、师生对话、案例分析、思维助产等多种方法激发学生的主体意识、引导学生的思考探究,从而变单向灌输为双向互动,变注入式教学为启发式教学。同时,教学内容的选择和讲授要有适当的广度和深度,重点、难点要鲜明、突出,分析问题要深入浅出、循循善诱、有理有据,特别是教师独到的视角和见解,往往给学生留下深刻的思考和启迪。

(三) 层次性原则

1. 深入调查研究

深入调查研究,准确把握学生的思想特点是贯彻层次性原则的基本前提。要充分认识和了解学生实际,必须从多层次、多角度、全方位进行调查研究,既要结合他们的家庭因素、经济状况、成长经历等客观条件进行分析,又要联系其学科专业、认知特点、思维方式等主观条件加以认识;既要进行静态的观察,又要加以动态的比较。只有这样,才能科学地把握学生的不同状况和各自特点,从而有针对性地开展教学活动。

2. 整体统筹规划

在进行调查研究、了解学生特点的基础上,要区分层次,根据思政课教学的总体要求,针对不同学生群体的实际情况,确立适宜的教学目标。例如,对于学生干部、党员和入党积极分子,应该坚持高标准、严要求,而对于一般学生则引导他们在遵循基本要求的基础上,不断追求更高层次的目标实现;对于文科专业学生,可在知识、理论的深度、广度上予以深化和拓展,而对于理科、工科专业学生则需掌握一般的要求。贯彻层次性原则绝不是消极地适应学生的思想水平,而是着眼多数鼓励先进、循序渐进,把先进性要求与广泛性要求结合起来,促使不同层次和特点的学生经过努力达到不同的教学目标,并都能在各自的基础上不断有所进步。

3. 因人选择教学内容和方法

大学生作为一个整体,他们有着相当的智力水平、相近的心理发展特征,以及相同的校园教育环境和社会化任务等诸多共同方面。然而,不同学科或同一学科的不同专业又有着不尽相同的培养目标和规格要求,他们的思维方式、成才目标以及所面临的困惑、问题等各有自己的特点。这又形成了不同大学生群体的个性,这就要求教师在教学内容和方法的选择上,既要遵循共同性、统一性的要求,又要根据不同学生群体的个性和特点而有所调整创新。

二、高校思政课教学的要求

(一) 思政课教学的必然要求

坚持理论联系实际的根本原则，是高校思政教学的必然要求。坚持理论联系实际的原则，是由思政课教学的任务要求所决定的。从理论教育的角度来看，思政课教学只有立足于学生的思想特点，并结合恰当的现实材料讲解概念和原理，才能被学生深刻理解和领会；从能力培养的角度来看，能力总是和人完成一定的实践活动联系在一起的。离开了具体的实践既不能表现人的能力，也不能发展人的能力。学生的思想政治品德及其分析、解决实际问题的能力，正是在参加实践、接触社会的过程中逐渐形成的。由此可见，理论联系实际是完成思政课教学任务的必由之路和根本途径。

坚持理论联系实际的原则，是由大学生思想政治品德形成的过程特点所决定的。人的思想政治品德的形成是知、情、意、信、行诸要素相互作用、辩证发展的过程。这一过程是在思政理论教育和社会实践相结合的基础上不断演进的。但是，学生仅有对理论知识的认知，并不能自然而然地转化为正确的世界观、人生观、价值观，还需要经过情感、意志、信念的催化，并在实践活动中履行一定的思想道德义务的实际行为，才能完成从认知到行为的内化过程。实践对于促进大学生了解社会、了解国情，增长才干、奉献社会，锻炼毅力、培养品格，增强社会责任感具有不可替代的作用。因此，要促进大学生思想政治品德的形成与发展，把思政课的教学要求内化为学生的思想品质和价值观念，真正实现是非判断、价值判断和价值选择的统一，客观上要求思政课教学必须坚持理论联系实际的根本原则。

此外，如何引导大学生正确认识当今世界错综复杂的形势，把握国际局势的发展变化和人类社会的发展趋势；如何引导大学生正确认识国情和社会主义建设的客观规律，加快推进中国式现代化的自觉性和坚定性；如何引导大学生正确认识肩负的历史使命，努力成为德智体美劳全面发展的中国特色社会主义事业的建设者和接班人，是思政课教学面临的重大而紧迫的课题。然而，在实际教学过程中，教学方式、方法比较单一，理论与实际脱节，教学的针对性、实效性不强等问题仍十分突出。这就要求思政课坚持教学的正确方向，坚持理论联系实际，贴近实际、贴近生活、贴近学生，进一步深化教学改革与创新，不断开创教学新局面。

(二) 思政课教学的基本要求

始终坚持理论联系实际的根本原则，是高校思政课程持续注入活力和生机的重要保障。在新时代，面对新的形势和新的局面、新的问题，理论联系实践的根本原则要贯穿高校思想政治理论始终，要注意以下方面：

第一，理论联系实际的根本前提在于充分认识和掌握理论知识，深入了解实践内容。首要的前提是，对思想政治理论形成系统化和全面化的认识，特别是要深入学习自然科学和社会科学、哲学等方面的知识，形成科学合理的知识结构，才能在开展教学活动时有针对性、有层次、有轻重地借鉴实际情况或例子，准确详细说明理论的意义和内涵。这要求开展思政课的老师要主动了解和教学内容相关的实际活动，比如，社会的实际状况、国家的前途命运、理论的形成过程和发展过程。

第二，升华理论与实际的关系，要加强两者之间的联系，着重分析他们之间的关系和相互作用，从而实现真正的融合。这就要求对理论形成全面性和系统性、科学性的认识，深入了解实践活动的开展情况，从而加强两者之间的联系。

第三，内外结合。在思政课教学中，通过多种形式引导学生参加相应的课外主题教育和社会实践活动，帮助学生更通俗、直观地理解和掌握课堂理论教学内容，并运用所学的知识、原理分析和解决实际问题，也是思政课贯彻理论联系实际原则的重要环节和有效途径。因此，高等学校思政课所有课程都要加强实践环节。要建立和完善实践教学保障机制，探索实践育人的长效机制。围绕教学目标，制定大纲，规定学时，提供必要经费。加强组织和管理，把实践教学与社会调查、志愿服务、公益活动、专业课实习等紧密结合起来，引导大学生走出校门，到基层去，到工农群众中去。要通过形式多样的实践教学活动，提高学生思想政治素质和观察分析社会现象的能力，深化教学效果。

第二节　高校思政课教学的必要性及功能

一、高校思政课教学的必要性

（一）科教兴国、人才强国的战略需要

"大学生思想政治理论课肩负着立德树人的重要使命。"[1] 从人才的角度来说，大学生资源十分宝贵，是祖国和民族发展的未来和希望。因此，需要改进和加强高校的思政教

---

① 王应伟. 大学生思想政治理论课教学方式创新探微 [J]. 淮南职业技术学院学报，2018，18（3）：34.

育，提升学生的思想政治素质，努力培养和造就学生，使之成为中国特色社会主义的优秀建设者和接班人，在科教兴国、人才强国战略的实施方面十分有利，能够帮助他们更好地在国际竞争中脱颖而出，为全面建成社会主义现代化强国、为加速推进中国式现代化提供坚实的人力资源保障。

科教兴国的提出有一定理论基础，那就是"科技是第一生产力"。要坚持教育为本，在社会、经济的发展过程中，始终将教育和科技摆在重要位置，提升和增强国家将科技实力转化为现实生产力的能力，提升全民族的科技文化素质，转变经济发展方式，实施创新驱动战略，使其更加依赖科技进步，帮助提高劳动者的素质，加速实现国家的繁荣昌盛。人才强国，最为核心的一点就是人才兴国，要依靠人才，大力提升综合国力和国家的核心竞争力。

实施科教兴国战略和人才强国战略，是一项基础性工程，和国家、民族的未来发展息息相关，在加快推进社会主义现代建设、推动中国特色社会主义事业发展方面，意义重大。人才是具有极大影响力的，除了会对经济发展全局产生影响外，对于政治发展全局也有着不可忽视的影响。站在创新这一角度来看，可以发现，一个民族能否发展进步，创新是核心，也是推动国家繁荣发展的重要动力。因此，在科技进步、经济社会发展、国家繁荣方面，人才都是第一资源，在党和国家的发展当中，人才问题决定了其是否能够长治久安、兴旺发达。关于人才这一问题，不仅要在培养使用方面有具体的政策，同时，在政治方面也要有一定远见。

在全面实施科教兴国、人才强国战略的过程中，都把教育放在了首要地位，教育的基础地位毋庸置疑。科技进步要以人才为基础，而培养人才则离不开教育。不管是在培养高素质人才方面，还是在提升整个国家和民族的创新能力方面，教育的作用都十分重要、不可替代。中国作为一个发展中国家，要想实现经济社会的跨越式发展，教育是一项基础性事业。在社会主义物质文明建设和精神文明建设方面，教育作为基础工程地位十分重要。不管是在提升全体人民的科学文化素质和思想道德素质方面，还是在培养社会主义事业接班人方面，意义都十分重大。

实施科教兴国、人才强国战略，不管是对人才的重视方面还是对教育的重要性进行强调方面，加强思政教育都是必须要做的一件事。科技的发展对人才提出了更高要求，高素质人才的需求量迅速增长，其中，思想政治素质是最为根本的一项。要想培养出德智体美劳全面发展的优秀人才，其中十分重要的内容就是思想道德素质的培养。在教育的过程中，除了对技能和知识进行培养和积累，也要提升学生的思想政治素养。教育这项工程是系统性极强的，不仅仅从科学文化知识方面对人进行教育，在思想政治方面也给人以教育。从这方面来看，实施科教兴国战略、人才强国战略时，其中十分重要的一项内容就是加强思政教育。

对于整个国家来说，大学生作为人才资源十分宝贵，需要以此为依托对创新型国家进行建设，科教兴国战略的实施也以此作为生力军，可以说，整个国家和民族的未来与希望都寄托在大学生的身上，中国特色社会主义事业的建设和发展也要以大学生作为接班人。因此，在科教兴国战略和人才强国战略的实施过程中，加强大学生的思政教育非常重要，需要给予高度重视。

（二）大学生健康成长的需要

从根本上来讲，进行思政教育工作是缘于社会和人的发展需求，社会要想顺利发展、个人要想健康成长，都离不开思政教育工作。人的本质属性的界定，主要从三个维度来看，即社会性、生物性、精神性。人的存在，是以生物性为基础的，人类和其他的生物之间也具有一定相似性，而生物性决定了需要物质能量来不断提供供给，其中涉及的关系主要就是人和自然之间的关系。因此，人需要不断地从事相关的物质生产活动，发展科学技术，提升工作效率，尽可能地通过自然获取物质能量，为人类的生存和发展提供支撑。

同时，人的生物性决定了人也具有一些动物的特性，通常会最大化地追求自身的生理本能需要。除此之外，任何一个独立的人格都要有自己的信仰、理想，对自由、自尊进行追求，希望能够获得独立。但是，要想建立信仰和理想，要想获得自由、独立、自尊，需由很多的条件共同决定。这个过程本身也是对理论进行创新的一个过程，和人类社会的发展规律相符合，理论体系的建立是经历过漫长的历程的，其理论创新的过程也是相当艰辛的，与此同时，还需要借助于社会化过程，对其进行内化，使每个成员都自觉对其进行追求，要实现这一目标，思政教育工作的作用十分重要。

大学生正处于青春萌动的时期，自尊心很强，同时也十分追求独立。这些都是青年人独有的优点，也正是因此，大学生们才勇于创新，努力追求上进。然而，大学生年龄尚浅，自身存在很多局限，再加上多年一直处在校园这样一个封闭的环境中，并没有深刻认识和了解社会，也没有经受过生活的各种挫折和打磨，在相关的知识和技能方面，没有深刻体会。因此，要想建立起正确的世界观、人生观、价值观，需要对此加强教育，要把人之所以为人的本质要求内化成为每个人的内在追求。要想保证大学生能够顺利成长成才，就要结合青年大学生的实际情况，对高校的思政教育工作进行加强和深化。

未来，社会的发展对人才的需求也越来越多，要求也越来越高，那些具有高素质、全面发展的人才，必将拥有更加广阔的天地，青年大学生要想获得成功，就必然要具备一些优良的素质品质，比如百折不挠的意志、团结合作的精神、公平竞争的意识、民主法治的精神等。对于高校来说，则需要调整自身的关注点，不能因为对专业方面学习的重视，就忽略了其他方面的教育，比如，心理教育、道德教育、政治教育、理想教育等，帮助学生打好基础，努力培养成为合格的社会主义建设者和可靠的接班人。

二、高校思政课教学的功能

第一，导向功能。思政课最根本性的功能就是导向功能，这是其他任何教育都无法替代的，是思政教育超越性以及目的性的直接体现。这种导向性功能主要通过理想信念、奋斗目标与行为方式三个方面体现。理想信念，对应的教育层次是理想信念教育；奋斗目标，对应的教育层次是政治教育；行为方式，对应的教育层次是道德和法纪教育。这三个不同的层次构成了思政教育的导向功能。

第二，大众传播功能。在高校思政教育的传播方面，互联网是一种新兴的工具和载体，它以其自身的传播速度快、互动性强和覆盖面广等特点，很好地实现了其大众传播功能。当前我们要在传统的思政课教育途径和方法上寻找新的突破，利用好互联网这一新型载体，让其成为开展高校思政教育又一强有力的工具，为倡导和践行高校思政教育而服务。

第三，沟通功能。思政教育的沟通功能通过网络交流和互动而实现，沟通的形式包括交互式视频、电子邮箱、电子查询、网络社区讨论、自学辅导等。思政教育通过这些沟通方式，将思政教育的知识、观念等信息传播给教育对象并得到及时反馈。这既是一种教育信息的交流传递过程，也是一种情感的传输过程。通过这种教育主客体之间思想情感的交流融合，有助于达到两者对于思政教育文化的一致认同。

第四，开发功能。开发功能指的是通过对大学生进行思政教育，在最大限度内调动起人的内在潜能和主观能动性的发挥。人具有主观能动性，可以去认识世界和改造世界，这是思政教育能够具有开发功能的根本原因。人所具有的这种主观能动性具有一定的层次和深度，不能任由人们进行随意使用和发挥，需要通过一定的手段对其进行开发和挖掘。

第五，保证功能。高校思政教育具有保证的功能，表现为其可以服从和服务于社会发展规律。具体而言，思政教育的保证功能主要体现在人的思想和行为层面，并通过人们在政治、思想和行为达到一致性来最终实现。在具体实施的过程中，必须确保其保证功能的正常发挥。

第三节　高校思政课教学的双主体分析

一、高校思政课教学的角色分析

（一）高校思政课教学中的教师角色

"提升思想政治理论课教学的实效性，有必要对教学活动的主体和主体性进行辨析。不仅要明确主体和主体性概念的基本规定，而且要把握教学活动中师生主体性展示的具体形式。"① 思政教育是学校工作的一部分，却不是学校一部分人的工作，而应该是全体教育工作者的职责。从事思政教育的教育者不单单是该科目的任课教师，也包括辅导员、班主任，以及在学校从事管理的教育者。此外，高校其他科目任课教师和各级领导对思政教育也起着重要引导作用。为切实提高思政教育的实效性，针对思政教育学科任课教师的培养必须足够专业，严守职业道德规范和培养流程，从而提升整个教师行业从业水平；针对非该学科任职教师，要提升教师队伍的政治素养和思想品格，让教师都能产生教书育人的责任感。教师在思政课教学中的特征主要有以下三个方面：

1. 教师的德育特征

德育是教育工作者必不可少的品质，也是各个高校培养教育工作者的规范标准，是教师从事教授工作的原则。培养德才兼备的学生是各个高校的目标，但培养出优秀人才首要任务是选取品德兼具的教师。教师的品德是从业的基本准则，也是为人师表的前提基础。教师身份的确立离不开以德服人教育理念的内在价值体现，也包括了对从业准则的规范制定。树立品德是决定教师是否符合标准的内在衡量准则，是教师从业的精神典范；育人是评价教师是否合格的外界因素，是教师从业的责任所在。品德的确立和育人两者从"怎么做"到"行动内容"两方面诠释了教师从业者的职业原则，是为人师的中心思想。

树立品德和教书育人是高校教育工作者工作的重中之重，其原因在于教师行业的不可或缺和独特性。在"学生、学者、学术"高校的这三个重要组成部分中，学者身份地位越来越重要。学者既是教书育人的从业者，也是教授内容的开创者。学校的整体水平是由各位学者综合实力决定的，拥有品德高尚的学者自然能创造品德意识上乘的高校理念，教导

---

① 肖潇. 思想政治理论课教学主体和主体性辨析［J］. 湖北第二师范学院学报，2017，34（1）：15.

出德行兼备的人才，创立品德至上的学校。所以，各个高校都很看重学者的主导作用，激发学者的自主精神，提高学者整体品德水准，构建具有浓郁思想品德气氛的校园，确立德育在高校的主体地位。

各个高校都要以先"树立德行"，再"建立品格"为学校典范，这也是教师的重要工作方向。以学者身份出现在高校，要确立先建立自己品德而后再育人的理念。树立德行就是要构建社会公德、遵循职业品德、建立和谐家庭、树立个人德行，以"德"为基础，提高教师的内在精神品格，规范教师的行为准则，提升教师爱人之心、职业责任感和教师职业品格，传播知识并指导学生人生道路。育人品德就是培养学生拥有自主观念，不能一概而论地约束学生个性，让学生能够在坚持自我特色前提下，具备健康的三观、良好的心理状态和仁善的品格，最终成为对社会有贡献的优秀人才。

2. 教师的人文关怀特征

教师的人文关怀不仅是培养教师品德的前提，也是确立人品性和为人的意义。高校要坚持以品德教育为基本准则，以人为本，服从人类实际需求，逐步满足人们的全方位进步。要努力解决高校教师的各种困难，实现生存和价值共同发展，让教师能够在日常工作中获得成就感、自我认同感，体现自我价值。要时刻关注教师的心理状态、生活环境和工作情况，尽可能地实现教师的利益需求、心理需求，做好教师的后方保障工作，让教师全身投入工作状态，满足精神世界、提高生活品质、自身价值。

高校教师的重要职责是要坚持以人为本的教育理念，提高个人知识储备的同时提升自身吸引力，合理解决师生地位差距，塑造良好的师生气氛。学校教师要时刻关心学生、彼此尊重，创建一种理解、互助、容纳、通达的教育状态，让学生能够充分发挥自我个性，自由成长，教师能够作为学生的引路人、朋友彼此陪伴。学校教育从业者要自觉提高个人知识水平，掌握各种现代教育方法，提升个人教育方式，尽力打造出有包容心和自我观点，且具备良好的文化水平，能够选择有益身心的文化形式的优秀人才。

(二) 高校思政课教学中的学生角色

1. 思政课教学中学生的角色特征

(1) 大学生的生理特征。

第一，身体迅速发育。人在生长发育的过程中，身高和体重会经历两次高峰，从出生长到一岁是第一次高峰，身高会增长 50%，体重会增长一倍。青春期为第二次高峰，每年体重增加量为 4kg 左右，每年身高增加量为 8cm 左右。

第二，发达的大脑和神经系统。在青春期，大学生的大脑神经数量明显增加，神经系统也逐渐完善，这使得智力得到了迅速提升。他们的逻辑思维能力在这个阶段达到顶峰，判断和推理能力明显增强。大学生通过学习和思考能够变得更加独立。他们不仅具备较强的记忆力和观察力，还富有丰富的想象力，可以对观察到的社会现象进行思考。大学生喜欢追求新鲜刺激的事物，具有强烈的求知欲望。

（2）大学生的心理特征。

一方面，大学生情感丰富、强烈。①理智感、道德感和美感显著发展。在智力的活动过程中会有理智感产生。理智感会随着好奇心的增强而增强，它既包含好奇心，也包含求知欲。道德感包括了尊敬、爱国主义、责任感、轻视和疏远，对于自己和他人的言行会按照社会道德进行评价，是一种情感体验。人在审美上产生的体验就是美感，它和文化修养有着密切的关系。大学生追求内在美和外在美，对于美景、艺术和音乐都会抱有欣赏的态度。②友谊感在大学生的情感中较为突出。人生会在青年时期产生不同思想，家庭会给一个人带来依赖感，因而初时并没有很强的友谊感。但青年人会随着越来越成熟的思想而意识到友谊的重要性。在相同的爱好和理想中会产生吸引力，继而开始不断地交流。③大学生的情感具有外露性。青年人喜欢新生事物，会为了真理不断奋斗，也能够直接释放自身情感。但有时情绪难免会激动到无法控制，从而产生错误。他们会在完成心愿时产生激动的情绪，对生活总是理想化，但在遇到挫折时就会产生消极情绪。

另一方面，大学生认知能力发展迅速。①观察力的发展。观察力是一种能力，也是一种直觉活动，它可以透过现象看到本质，有明确的目的。大学生的观察力能够得到快速的发展，会有很强的深刻性和精确度。②记忆力的发展。大脑储存事物的能力就是记忆力。记忆力在大学时期会快速发展。大学生会使用意义记忆法、机械记忆法等记忆方法，他们的大脑也会储存各种信息和知识，有很强的记忆力。③想象力的发展。想象力要基于记忆力和观察力，是头脑在已有形象的基础上创造出新形象的能力。大学生的想象力非常丰富，他们的未来充满无限可能。④思维能力的发展。思维活动离不开抽象思维，这一时期的逻辑思维会由形式逐渐过渡到辩证，让思维更加独立、敏锐和深刻。

2. 思政课教学中学生的教育原则

（1）保证思政教育的方向不偏移。中国特色社会主义道路与我国国情和时代相一致，并形成了一套完整的理论体系。高校的首要目标就是培养出德智体美劳全面发展的高质量人才，服务于中国特色社会主义事业，因此大学生思政教育必不可少，要坚定不移地与社会主义办学方向一致，严格按照党的教育方针执行。

（2）坚持实事求是、科学发展，使思政教育更具吸引力和感染力。从历史和经验可以看出，大学生思政教育应始终坚持实事求是原则，践行科学发展观，在实践教学中不断摸索、进步，转变过时的教育观念，让大学生思政教育探索出一条与新时代完全一致的道路，对模式、途径、观念、方法、载体和内容都进行创新，让大学生思政教育与学生、生活和实际都更加贴近，并且不断完善机制、改革教育理念和创新方式方法，从精神和思想上为培养社会主义优秀人才保驾护航，让大学生思政教育充满更多吸引力，也让高校大学生思政教育翻开新的篇章。

（3）坚持全面发展，强化大学生思政教育的针对性和实效性。以人为本成了新时代大学生思政教育的重点，对人的全面发展应予足够重视，教育的实效性和针对性是大学生思政教育每个阶段的重点。大学生每个阶段的发展目标都不能与时代和社会的发展相违背，要充分发挥教育者的引导功能，对教育对象的主体地位应给予足够的尊重和体现，让教育对象充满自觉能动性。在全面建成社会主义现代化强国的新征程上，要十分关注大学生的全面与和谐发展，保证大学生在身体健康、科学文化和思想道德方面均衡发展。

二、高校思政课教学中教师的能力培养

（一）培养教师的亲和力

亲和力是指一个人或一个组织在所在群体心目中的亲近感。思政课教师具有良好的亲和力是上好思政课的前提。教师有了良好的亲和力，能拉近与学生之间的心理距离，能够让教师和学生之间建立一座信任的桥梁，加深其信任感，增强教学的说服力；有了良好的亲和力，能够方便教师与学生之间的沟通和交流，从而了解学生所思所想，增强教学的针对性。思政课教师要具有良好的亲和力，必须做到：尊重学生，平等待人；真诚相待，以"情"动人；走近学生，了解实情。教师在与学生沟通交流、增进对学生的了解中也要敞开心扉，让学生更多地了解和认识教师。一个让学生感到陌生的教师很难使学生产生亲近感。

（二）培养教师的感染力

感染力是启发智慧或激励感情。教师的感染力能激起学生学习的热情，培养学生关注和投身于实现中华民族伟大复兴的历史责任感。提高思政课教师的感染力，主要从以下两方面着手：

第一，营造"群体感化"的环境。目前高校思政课教学主要以课堂教学为主，为此，教师在进行思政教育时，要实施以课堂为立足点的"群体感化"，营造一种促进学生思维

观念转变的群体氛围，让学生感同身受。如在讲授"加快推进以改善民生为重点的社会建设"内容时，教师可就目前社会的就业状况、特点及原因，国家政策和导向、与就业相关的法律法规以及大学生应该树立怎样的就业观等问题进行讲授和讨论，以激起学生的共鸣，提高学生的吸引力。

第二，推进教师的语言转向。教师具有良好的语言基本功，运用一定的语言技巧，提高语言的感染力，实现知识性、思想性、科学性、趣味性的有机统一。推进思政课教师的语言转向，就成为改进思政课教育特别是增强感染力的有效途径。

（三）培养教师的影响力

教师的影响力主要是指教师调控（或影响）与改变学生的心理及其行为的能力。一般而言，影响力大致可分为权力影响力和非权力影响力两类。在思政课教育教学活动中，教师对学生的影响力是巨大的，并且非权力性影响力往往占主导地位，起决定性的作用。

（四）培养教师的执行力

思政课教师的执行力即教师的执教能力，是指教师保质保量地完成自己的教学工作和任务的能力，即按时按质保量履行好自己的工作职责的能力。执行力对思政课教学效果也至关重要。教师要善于根据教学内容和学习对象，充分发挥教师的教学主导作用，最大限度地调动学生的学习主动性，灵活地采用不同的方法，科学地组织教学，从而实现对课堂教学的有效控制，达到教学目的。教学过程的设计包括教学内容、教学方法、教学步骤等。在设计教学过程中要关注细节，细节往往决定思政课教学的成败。

三、高校思政课教学中学生的素质培养

（一）高校思政课教学中学生素质培养的表现

1. 学生心理素质

家庭对子女教育投资力度的加大，学校追求升学率，在学生中出现了多种不良现象。学生走上错误道路，大都为心理不健康所致，因此，学生心理因素教育是培养的主要任务。调整教育坐标，培养良好的心理素质，是教育的基本共识，也是教育发展的基本趋势。

（1）学生心理素质的培养工程建设。每个人都具有相对稳定的心理特征，它是人所具备的基本素质之一，通常被称为心理素质。健康心理和病态心理是人的两种心理形态。健

康心理又分为积极心理和消极心理，指人能够正常选择和具有控制及调节能力的心理状态。积极心理是人成功的必要条件，具有主动的趋势，同时也是成功心理。相反，消极心理就是被动型的心理。病态心理是健康心理的对立面，不具有正常心理的功能和弹性。

学生心理素质的培养是一项复杂的系统工程，其中学校培养是该工程的首要任务。学校是教育学生的基本地点，教师在培养学生心理素质方面发挥着不可替代的作用。教师在落实教学和课外活动的过程中先要转变观点，建立具体的制度。此外，教师还应该经常和学生进行心理沟通和对话，剖析学生在成长过程中的心理活动。如此一来，教师在关爱和引导学生的过程中可以起到消除师生在年龄上的"代际隔膜"的作用，可以达到"同龄相知"的效果。如果说学生心理素质教育系统工程的主体是学校教育，那么其两翼则是家庭教育和社会教育。有了家庭教育和社会教育的辅助，学生心理素质教育才会取得良好的效果。家庭是学生人生路程的第一个港口，父母的行为举止会影响到子女，潜移默化地教育着子女。

（2）学生心理素质培养的意义。学生是祖国的未来和民族的希望，所以，教育至关重要，其是培养社会主义现代化人才的基石。塑造健康心理，培养学生在社会主义现代化建设事业和人生旅途中拥有积极心态和成功心理，是学生心理素质教育的重要任务。另外，学生心理素质培养的最高目标是构造成功心理。

培养学生的成功心理素质，对于他们的人生具有重大意义。成功心理是每个人取得成功的关键，也是人生的内在要素。使学生树立崇高的理想，并具备不屈不挠的精神和坚忍不拔脚踏实地的品质，对于培养社会主义现代化建设的接班人具有非凡的意义。此外，还应从学生的儿童时期开始培养他们抵御挫折的心理素质，提高他们的心理承受能力，使他们能够正确应对人生中的挫折，培养坚强的意志品质。这样可以减小高智商与情商不匹配的差距，并营造更有利于立志成才的环境。

挖掘心理潜能对于建设中国式现代化而言有很大意义。最终决定人生能否成功的关键要素不是智力因素而是非智力因素，非智力因素是人生成功的金矿。挖掘心理资源是培养学生心理素质的重要任务，对于学生的成长而言较为重要，同时也为我国的社会主义现代化建设、中华民族矗立于世界文明之林提供了很大帮助。

（3）培养学生心理素质的对策。

第一，良好的政治和经济环境是发展教育和创新教育的基石。目前，我国已经形成创新的大政治、大经济环境。应进一步深化教育体制改革，努力提高教育的现代化水平，做到素质教育和创新教育相结合。

第二，积极打造有利于学生创新的社会文化环境。社会及媒体应该注重学生的创新能力，提出创新课题以及提供创新成果展示平台，为了使学生从中得到启发，应该积极宣传古今中外的创新人才。各个社区也应该努力去提高学生的创新心理素质，可以利用假期组织一些和社区生活有关的小队来指导学生创新。在媒体、社区和政府的帮助下，多方面、多形式、全方位的鼓励创新、崇尚创新和尊重创新的良好社会文化环境一定会形成。

第三，打造激发、鼓励和支持创新的家庭氛围。有了家庭的观念和物质支持，学生才会有创新的动力。父母的教育方式和价值观念，在某种意义上决定家庭教育是否会有利于学生的创新。家长应该多关心国家的教育改革以及教育评价体系的改革和考试制度的新动向；提供宽松的活动环境给孩子，新时代的父母应该明白束缚只会阻碍孩子的创新欲望和创新潜能，所以，应该去欣赏孩子的"肆意"行为；善于发现孩子的创新能力和鼓励孩子的创新热情，尽可能地为孩子提供有利于孩子进步且孩子乐于接受的条件。

2. 学生创新素质

培养大学生的创新素质，先要科学合理地给学生制定创新素质的培养目标，在培养学生创新素质的过程中，所需要的载体和中介是创新教育实践活动的准则和方向。

（1）大学生创新意识的培养。加强学生创新意识的培养，对学生创新素质的形成具有重要作用。对学生进行创新意识的培养主要包括以下方面：

第一，培养学生的创新理想。创新理想是产生创新意识的主要内部驱动力，是学生对未来将要发生但还未发生的事物的想象和期待，可以将这一表现称为事业心和责任感。事业心是较高的思想品德和崇高的思想境界。而责任感，则是学生意识到自己的言行会对事物产生影响，从而肩负起自身的责任，做到不因为自己的行为而对他人或者其他事物产生较坏的影响，对自己、对他人、对社会都肩负起自己应当承担的责任。由此可见，培养学生的创新理想尤为重要。

第二，激发学生的创新兴趣。创新兴趣是学生在认识某种事物或者从事某项创新活动时的心理状态，要引导学生用发展的、积极的眼光看待事物，用欣赏的眼光看待自己，要乐于展现自我，充分发挥主动性，积极主动地解决事务，能够个性化地处理问题。上述能力都有助于培养学生的创新能力。

第三，帮助学生树立创新信念。培养学生的创新意识，作为教育者，先要树立的理念是"人人都能创新，人人都具有创新意识"，即人人都具备创新能力，人人都具有创新潜能，只要通过外界的适当引导，通过适当的学习，都可以获得具有创造性的成果，在某一领域称为创新型人才。由此可见，创新不只是少数拔尖学生应当学习的目标，而是每一个学生都需要实现的共同目标。处处要创新，创新的范围很广，创新没有局限性，每一方面都具有创新的可能性。

（2）大学生"创新性学力"的培养。学生"创新性学力"的培养，主要包括以下方面：

第一，创新思维。创新思维具有敏捷性、灵活性和深刻性的特征。敏捷性，能够对事物作出快速的判断，能够迅速得出结论；灵活性，不会只从某一方面看待事物，而是用发散的、灵活的思维方式看待事物，能够从不同角度和层面去看待、解析、概括问题，归纳总结一系列纷杂的事物和零碎的片段，可以有效地降低资源消耗，减少时间浪费；深刻性，着重表现为对问题进行深刻思考，能够预见事物的发展方向。

第二，创新性的学习行为。学习是每个人认识客观世界的基本途径和手段，每个人进入社会的过程都是缓慢学习的过程。人不可能永远待在学校，终归会踏上社会，所以，必须要具备自充电系统。自充电过程就是创新性过程。教育不仅仅是为了教授给学生们新的知识，最主要的目标是为了教给学生学习的能力，如果学生不具备学习的能力，那么教育就是失败的。因此，培养学生的创新性学习能力是学校在教育过程中所需要树立的目标。

（二）高校思政课教学中学生素质培养的功效

1. 思政课教学中学生素质培养的功能

（1）导向功能。导向功能是指思政教育具有指向、选择和定位的功能。它既能为个人行为导向，也能为学校、班级的教育活动导向。学校教育是由德、智、体、美、劳等方面教育组成的。德、智、体、美、劳等方面教育之间互相渗透，相辅相成；但其中起导向作用和保证作用的是德育——思政教育。所以，学校应把德育放在首位，坚持发挥思政教育的导向功能，才能落实教育方针，促进学生身心全面发展。

（2）调节功能。调节功能是指思政教育具有调节、整合和控制的功能。思想道德素质是社会意识、道德规范和行为标准的内化和积淀，可以对人的心理活动和行为方式进行调节，可用以观测自己的行为，分清是非曲直，辨别正确与谬误。思政教育的一个根本任务就是要理论联系实际，培养学生自我教育和自我管理的能力，充分发挥思政教育在全面育人中的作用。

（3）启动功能。启动功能指思政教育对人的思想、心理和行为活动具有引发、起始、开启的作用。思想政治品德是人的灵魂，是指导人的行为和影响人的智慧才能的精神力量。一个学生有了正确的政治要求和生活目标，就会积极进取，不畏艰难。

高校思政教育在育人方面有着不可替代的地位，需要树立学生的社会主义道德品质、辩证唯物主义世界观和正确政治方向。社会物质文明在现代科学技术发展的同时也受到了推动。但是，社会精神文明也必须要跟上物质文明进步的脚步，这就需要学校思想政治工作。例如开展以爱国主义、社会主义核心价值观教育为主题的活动，激励学生奋发努力，立志为强国富民学好本领。为学生树立学习的榜样，使学生从祖国振兴大计出发，确立个人的奋斗目标，努力把自己培养成为时代需要的人才，一系列的思政教育，使学生的政治思想道德素养得到提升，有效地促进了综合素质的提升。

2. 思政课教学中学生素质培养的效能

（1）发挥高校思政课教学的先导性。现在的学生将担负起实现中国式现代化的重任，对实现中华民族伟大复兴起决定作用。学校教育最应重视坚定正确政治方向，发挥出其思政教育的功能。学校教育需要引导学生加强政治思想修养；加强社会实践和理论学习，努力实现个人价值与社会价值的统一；坚持远大理想与艰苦奋斗相统一；要充分发挥政治课和班会课在思政教育中的主渠道和主阵地作用，提高教育效能。

班会课要结合学生不同时期的思想实际，有针对性地开展思政教育。在教育过程中要充分发挥理论的导向作用，要与社会主义现代化建设经验和改革开放经验紧密结合，回答学生迫切渴望了解的问题。要对学生进行引导，使他们能够在分析社会思潮时，应用历史唯物主义和辩证唯物主义的观点、立场及方法，让他们能够坚定自己正确的政治方向。

对学生进行爱国主义、法制、公民意识等方面的教育，培养爱国主义情感、社会责任感和乐于助人、追求上进、奋发学习、维护正义的思想道德品质。让学生们深切体会到，爱国主义是千百年来形成的对自己的祖国一种最深厚的感情，我国人民正是靠着这种民族精神形成的强大生命力和凝聚力，战胜了各种艰难困苦，维系着中华民族大家庭。

（2）强化大学生高校思政课教学工作团队的作用。对于思政教育而言，政教处主任、管理德育工作的教师、学校党委组织、团队干部以及班主任等都是对学生展开德育工作的重要成员。学校思政教育工作的直接实施者一般是思政教师、班主任等，他们对学生素质的培养起到主导作用。因此，学校应将这些主要教育力量的建设提升至战略高度。

第一，加大培训力度。在思政教育工作队伍的培养过程中，教育者应该考虑从知识的广度、深度两方面同时进行，从整体层面提高团队水平，形成高水平、科学性、合理化的教育团队，培养理论、经验复合型人才。

第二，确立合理的教育制度。强调团队思想政治意识和行为两者的统一，建立科学的评价体系、激励制度，合理量化思想政治工作效果，按照实际情况展开工作，具体情况具体分析。

第三，促进职业道德水平的提高。教育工作团队应建立育人为本的教育理念，将学生的思政教育放在首位，树立开放、竞争以及依法治教的教育原则，提升自己的责任心、事业心。

另外，思政教育工作应建立社会、学校、家庭三者相互联系的教育网络，充分调动各阶层、各组织人员的积极性，提高学校思政教育工作的质量和效率。社会也应该营造健康的教育环境，统筹运用传统、现代的教育方式，使得学生的主体性得到充分发挥，从而让学生得到全面健康发展。

第二章　高校思政课教学的育人机制

第一节　高校思政理论课中家国情怀的培育

当前，世界正经历百年未有之大变局，时代的主题仍然是和平和发展，但是，随着经济全球化的发展，科技的日新月异，综合国力的竞争必然会日趋激烈。我国正处于发展的重要战略机遇期，同时也面临着激烈的国际竞争，发达国家除了在经济、政治、科技等方面对我国发起强势挑战，在意识形态领域也对我国发起了冲击。各种社会思潮相互激荡，我国要在激烈的国际竞争中取得主动，于变局中开新局，必须继续发挥我国的政治优势，牢牢掌握意识形态的话语权。

高校是实施思政教育工作的主阵地，高校是意识形态工作的前沿阵地，反渗防变是思政课发挥立德树人关键课程作用的重要维度。思政课教师必须坚持立足于学生认知水平和实际，严格遵循党的教育方针，全面落实立德树人根本任务，帮助大学生成长成才，始终以习近平新时代中国特色社会主义思想为指导铸魂育人。

思政课作为高校思政教育主渠道，是培育大学生家国情怀的重要途径。加强与改进大学生家国情怀培育工作，必须努力提升家国情怀培育的实效性，下大力气提高大学生的思想觉悟、道德水平和综合素质，从中华民族的悠久历史中汲取营养和智慧，引导大学生树立正确的历史观、民族观、国家观，不断增强大学生的国家认同感、家乡归属感、社会责任感和历史使命感。

一、大学生家国情怀培育的界定

（一）家国情怀的解读

家国情怀是中华优秀传统文化的主要内容，家国情怀是在一定社会实践基础上形成的以国为家、家国一体、心中装着国家和人民的深厚情感、博大胸怀和价值追求。家国情怀是个人对国家、家乡、家庭、社会的深切感情，表现为高度的家庭依恋感、家乡归属感、国家认同感、社会责任感和历史使命感，是对国家和人民的热爱内化于心、外化于行，是将个人的理想追求同国家的繁荣发展紧密相连。"爱国是一个人的立德之源，培育家国情怀是思想政治理论课教学的题中应有之义。"① 随着历史的演变和时代的发展，家国情怀在不同时代也被赋予着不同的概念和内涵。家国情怀在我国拥有着深厚的文化底蕴，但心怀天下，对国家和人民的深情大爱是始终贯穿于中华文明发展进程的。

（二）大学生家国情怀培育

大学生家国情怀的培育先要明确其培育的基本内涵，这是教育获得实效性的前提，进而明确大学生家国情怀培育的基本目标为培育指明方向，还要理解大学生家国情怀培育的具有哪些基本特征。将家国情怀内化到大学生知、情、意、行的培养目标中去，培育大学生学习和继承中华优秀传统文化，增强文化自信，增强共同体意识，提高国家认同感，坚定共产主义理想信念，引导大学生将个人、家庭的命运与国家前途紧密联系，自觉主动担当家庭责任和历史使命，使大学生为实现中华民族伟大复兴作出贡献。

培育大学生家国情怀就是要引导大学生树立共产主义理想信念，在追求中国梦的路上实现个人的人生理想。知、情、意、行是塑造和改造一个人家国情怀的必要条件，缺一不可。想要成功将家国情怀植根在大学生认知和行为系统中，不仅需要这四项要素，还要充分满足知、情、意、行在整合过程中的条件，所以，大学生家国情怀培育要从认知层面、情感层面、意志层面、行为实践层面来明确。

在认知层面，"知"指的是认知、观念。认知包括感知觉、意识和注意、记忆，培育大学生家国情怀就是加强大学生对国家和民族的认知，从而提高国家认同感。对事物的感知是第一步，对外部世界的感识所觉，听得越多越深入，具备的能力就越强，认知是情感产生的基础。要提高大学生对国家和民族的认同，一是要学会用正确的历史思维了解对国家的历史和现实；二是忠于祖国和人民，不断增强对国家制度、政治、文化的认同。

在情感层面，情感是动力，有浓厚的情感才会有强烈的意志和具体的行为，培育大学生家国情怀就是培养大学生对祖国和家乡的热爱，增强大学生对家乡的归属感。要对故国家园葆有深厚且炽热的感情，就必须将个人的情感和对国家、民族的热爱融为一体，从而建立起属于自己的精神家园，通过家国情怀教育不断充实自己的精神世界。

在意志层面，"意"是支柱。没有坚定的意志和坚持不懈的毅力，做任何事情都难以

---

① 季爱民. 大学生家国情怀培育探究 [J]. 学校党建与思想教育，2020 (1)：64.

成功，大学生的家国情怀同样需要坚定共产主义理想信念。在近代，为实现民族独立、人民解放，无数仁人志士前赴后继、一往无前。在今天，大学生作为社会主义建设者和接班人，为了实现国家富强民族复兴的伟大中国梦，就要坚定守家卫国的意志，提高对社会高度的责任感。

在行为层面，行是关键。对大学生"知""情""意"的培育，最后的落脚点在于"行"，培育大学生家国情怀最后的落脚点也就在于用行动阐释自己对家国情怀的理解。实践是检验学习成效的最佳途径，"行者知之成"，能将所知所学应用于实际问题中才算学有所成。大学生应当志存高远，树立正确的理想信念和价值追求，增强历史使命感，在实现中华民族伟大复兴的伟大征程中实现自己的人生价值。

二、大学生家国情怀培育的特征与作用

（一）大学生家国情怀培育的特征

"新时代培养高校大学生家国情怀能够提高学生的思想认知，能够让当代大学生把个人理想与家国情怀紧密结合，实现个人的价值及作用。"[①] 大学生的家国情怀是对国家高度的认同感，对家乡强烈的归属感，对社会高度的责任感，对历史强烈的使命感。当代大学生思维活跃，并接受着高等教育，可塑性很强，是祖国的未来和民族的希望，是新时代中国特色社会主义建设的中坚力量。

1. 大学生家国情怀培育具有鲜明的时代性

我们正处于一个快速发展变化的时代，既是最好的机遇期，又会面临各种风险挑战。在这样的时期，家国情怀的培育就显得尤为重要。大学生处于自身发展阶段，培育大学生的家国情怀就需要与时俱进，在注重中华优秀传统文化教育的同时，结合时代变化的特点和当前国家发展实际，用国际视野和大局观念将家国情怀植根于日常点滴。

2. 大学生家国情怀培育具有较强的系统性

大学生的认知活动和学习能力有一定的顺序。大学生家国情怀的培育要注重系统性、整体性和协同性，就是要求培育内容系统完整且丰富多彩，培育方式符合大学生的思想状态和身心发展需求，充分协调好各个方面的关系，思政课教师、高校各部门形成教育合力，家庭、高校、社会紧密联系，使大学生家国情怀培育的整个系统协调有序。

---

① 次仁朗珍. 新时代高校大学生家国情怀培育研究 [J]. 佳木斯职业学院学报，2023，39（08）：28.

3. 大学生家国情怀培育具有较长的持续性

任何习惯和学习的养成都不是一蹴而就的。大学生从最初成长环境——家庭，再到学习主阵地——学校，然后到整个社会大环境，方方面面都会受到影响。因此，需要良好家风家教、学校系统的教育、社会良好的氛围贯穿于整个培育过程，每时每刻无不影响着大学生的思想和行为，家国情怀一旦在大学生心中扎根，随着实践活动、认识活动的加深就会产生深远持久的效果。

综上所述，大学生家国情怀培育就是要晓之以理，动之以情，导之以行，持之以恒地培养大学生对国家高度的认同感，对家乡强烈的归属感，对社会高度的责任感，对历史强烈的使命感。

（二）大学生家国情怀的积极作用

作为中华优秀传统文化的重要维度和基本内涵之一，家国情怀所蕴含的积极心理品质，对于提升人们的思想道德素质、激发爱国行动意向、增强民族凝聚力等方面能够发挥积极的作用。

1. 强化国家认同

国家认同是一个国家的公民基于对其所属国家历史与文化的共有和分享，对其制度、法律、政策等公共形态权威的认可而对自己从属于这一国家的确认，以及对这一国家的制度、民族和文化的接纳。作为中华优秀传统文化的重要内容，家国情怀所体现出的国家认同感源自以血缘关系为基础的宗法伦理制度。对行为规范的服从与对家族和国家秩序的遵守，是我国古代家国情怀所包含的国家认同感的最初体现，通过行为规范的教化使人们形成认同和维护等级关系的自觉，并在中国历史与文化几千年的积淀中得以延续，构成国家认同的心理基础。

2. 激发内生动力

内生动力是指人们为满足自身需要而从事社会实践活动的自发动力。内生动力的本质是一种主观能动性，或称为自觉能动性、意识能动性。不论是基于自身成长，还是以国家和民族进步为目标，人们的社会实践活动都需要一个系统为其提供内在动力。态度具有动机作用，决定着人们的行动倾向，驱使人们取向或逃离某一特定目标，能够激励并维持个体的内生动力，驱动个体为实现目标和满足需求而做出实际行动。由态度所激发的内生动力具有自觉性、积极性、主动性和创新性。

由于认同感与归属感源自对自身与家族和国家之间关系的认同与维护，人们就会形成

"个人与家族和国家命运息息相关"的情感倾向，家国情怀中所蕴含的这种情感从个人到家族直至国家，能够体现出人们情感范围的扩大以及情感程度的深化，这种情感就是人们为自身、家族和国家的发展进步提供的强大内生动力。中华民族之所以能够长期不断发展壮大，正是因为家国情怀在历史进程中发挥了重要的情感驱动作用。

3. 体现价值取向

价值观是个体基于对态度对象的认知、判断或抉择而反映出的对态度对象的倾向性，体现着态度对象对于个体的意义。价值观能够反映人们的认知和需求，具有主观性、选择性、稳定性和持久性，对于人们行为的动机具有导向作用。价值的判断与选择具有阶级性特征，不同阶级具有不同的价值观念。态度与价值观相互影响，具有密切联系，态度源自价值观，同时又能够表达人们的价值观。

家国情怀所体现出的"忠孝一体"价值观凸显了中华民族的鲜明特征，是个人价值、家族价值和国家价值的高度统一。"忠孝一体"是"家国一体"思想的实质，同时也是中国古代家国情怀最核心的价值表达，为中华民族生生不息、薪火相传提供着持续的精神动力。

在古代家国情怀中，"忠孝一体"的价值取向通过"格物、致知、诚意、正心、修身、齐家、治国、平天下"的人生理想得以体现。其中，"正心"和"修身"是"行孝"和"尽忠"的基础与逻辑起点，随着"由家及国"的情感延伸，人们的价值取向实现了从"孝"到"忠"的升华，维护家族和谐稳定与繁荣兴旺的"齐家"理想逐渐上升成为"治国、平天下"的终极理想目标。家国情怀正是通过"忠孝一体"的价值观表达发挥了积极作用，对于当代家国情怀的弘扬和培育具有借鉴意义。

4. 涵育意志品质

意志是意识能动性的集中体现。为保证生存，当人们认识到自身或者社会具有某种需要，就会产生满足这些需要的意愿，这些意愿能够使人们自觉确立行动计划，并克服困难，调控自身行动以实现预定目标。人的意志具有明确的目的性特征，社会价值和目标水平的高低决定了人们意志水平的高低。家国情怀蕴含着人们对国家的认同感、归属感、荣辱感和责任感，能够坚定人们为国家生存发展而努力奋斗的信念，家国情怀对提升个体意志品质的作用主要体现在强化责任自觉和培养坚韧品质方面。

一方面，就我国古代而言，随着儒家思想逐渐成为封建社会的主要意识形态，士大夫群体的政治地位和社会地位显著提高。这使得他们对群体存在的意义有了更加明确的认识，阶层自觉意识不断增强，他们往往超越个人和家族的个人荣誉与得失，将朝廷和国家的利益放在首位。他们形成了"先天下之忧而忧，后天下之乐而乐"的责任意识。自觉性是意志的首要品质，能够促使人们自觉地调整自身与家族和国家之间的利益关系。这种自觉的意志品质是引发爱国行为的前提条件。

另一方面，人的心理过程容易受环境变化的影响而发生变化，外部环境的压力能够使个体形成韧性这一心理机制，帮助人们维持心理的稳定性，有效应对和适应困难或者逆境。韧性是意志品质的突出体现，是人们克服困难实现人生目标的必要保证。在中华民族历史发展的漫长进程中，家国情怀始终对增强人们的意志品质发挥着积极作用，使人们无论在国家经历何种变化的时候都能够坚定不移地热爱国家，并坚定为国家的长远利益而奋斗的意向。

家国情怀能够涵育人们的意志品质，提升人们在践行爱国行动过程中面对困难的信心、耐力和定力，使人们能够按照自身的价值取向、理想目标和行为方式践行爱国主义精神奠定心理基础。

三、大学生家国情怀培育的目标

"培育大学生的家国情怀是应对意识形态斗争、提升国家认同的必然选择，也是坚定文化自信、实现中华民族伟大复兴的现实需求。"[①] 目标彰显着人类个体和社会发展的主体能动性。大学生家国情怀培育目标是大学生家国情怀培育总体方向的把握，是个人目标、国家目标的凝结。家国情怀培育目标围绕实现中华民族伟大复兴战略全局展开，为服务实现中国梦奋斗目标提供精神动力。既要考虑我国的基本国情和国际局势，又要考虑培育大学生全面发展的未来指向。家国情怀培育的目标是工具理性和价值理性的统一体。

（一）大学生家国情怀培育的根本目标

家国情怀表现为爱家爱国一体化，核心是爱国，是对本民族国家的认同和热爱。家国情怀培育的根本目标是增强大学生中国特色社会主义政治认同，使大学生从个人认同上升到政治认同，形成高度自觉的爱党、爱国、爱社会主义意识，摒弃错误思潮，坚定政治立场。

增强政治认同是家国情怀培育的直接现实要求和最大目标指向。政治认同是人们在政治生活中产生的一种感情和意识的归属认同，它是人类社会客观存在的现象，具有在国家

---

① 宋春华，史慧华. 新时代大学生家国情怀培育的逻辑分析和模式构建 [J]. 广西社会科学，2020（11）：170.

发展中把人的力量凝聚起来的重要功能。政治认同是现代国家合法性来源的基础，是人们对所在国家政治观念、政治体制、历史文化传统、道德价值观念的认可和赞同。政治认同本质在于国家认同。对于国家认同，一般将其划分为文化性国家认同与政治性国家认同两种类型。文化性国家认同，即个体对国家的主流传统文化、信念等方面的认可、接受和热爱的程度；政治性国家认同，即对国家的政治制度、政治理念等方面的认可、接受和热爱的程度。

1. 文化性国家认同

文化性国家认同是个体对国家所拥有的文化的价值认同，它是人类群体记忆中最深厚和持久的组成部分。文化作为一个民族的灵魂和标志，是与其他民族区分的关键。中华民族的优秀传统文化、革命文化和社会主义先进文化共同构建了中华民族的文化体系。在新时代，大学生的文化性国家认同主要表现为对社会主义核心价值观的认同、培育和实践。他们通过深刻理解社会主义核心价值观，将个人价值、社会价值和国家目标统一起来，形成正确的世界观、人生观和价值观。推动构建价值观认同意味着个体以特定共同体的理念信仰为目标追求，以价值标准和评价为基础，在共同体生活中达成共识。价值观认同是对家国情怀的最高表达形式，同时也是理性表达家国情感认知的方式。个体通过对群体、民族和国家核心价值观的认同和实践，以展示自己与特定时空关联的身份，从而塑造和维持社群的存在和发展。

2. 政治性国家认同

文化性国家认同体现的是文化基因和文化自信。而政治性国家认同体现的则是道路自信、理论自信和制度自信，以及未来行稳致远的可靠保障。大学生对国家的热爱需要从感性自发上升为理性自觉，根本上需要对国家政治理论、国家制度有深刻的理解和把握。

（1）加强政治认同的首要任务是进行马克思主义意识形态教育，新时代马克思主义中国化的最新理论成果是习近平新时代中国特色社会主义思想，是中国特色社会主义理论体系与时俱进的结晶。同时面对世界百年未有之大变局，还为世界提供了一系列关乎人类发展的全球治理理念和方案，它们一起构成了习近平新时代中国特色社会主义思想的丰富内涵，在新的时代深刻把握了共产党执政规律、社会主义建设规律、人类社会发展规律。

（2）增强政治认同需要有科学的政治理论作为基础和引领，同时也需要坚强有力的政治制度与政治体制加以践行和实现政治愿景。大学生增强政治认同，需要对中国特色社会主义制度有切身感受和深刻的学理把握。一方面，要讲清楚中国特色社会主义制度的形成发展史；另一方面，要在纵向发展和横向对比中凸显中国特色社会主义制度的显著优势，让学生心悦诚服地增强政治学习力和政治领悟力。

（二）大学生家国情怀培育的具体目标

大学生家国情怀培育是一个既有学理高度也有情怀温度的育人过程。家国情怀培育的具体目标是在爱国之知的基础上培育拥有爱国之情、强国之志和报国之行的新时代大学生。

1. 启发爱国之知

明确家国情怀培育的内涵是开展情怀培育的基础，只有知道"爱什么"，才会探索"如何爱"以及深化"为什么爱"的系列问题。爱国认知和爱国主义知识传递的教育主要包括两个方面的内容：①进行国情教育，让受教育者了解自己的祖国；②进行爱国主义内涵和意义的教育，使受教育者懂得爱国主义的道理。在培育家国情怀时，要让教育对象对自己的祖国有直观而全面的认识，包括生态、人口、民族、政治、历史、文化、经济、科技环境等。特别是教育引导大学生对中华人民共和国历史的认识，深化对中国共产党带领人民进行革命、建设、改革开放的艰辛历程及取得的伟大成就的认识，明确新时代新征程我国发展目标和百年目标，肩负起新时代大学生的历史使命。

从人的认知发展规律来看，人们对世界的认识包括直接认知和间接认知，要达到对事物的正确认知，需要建立在全面掌握资料的基础之上。人类发展到今天，已经积累和形成了关于自然、社会、人类思维的大量的经验性知识和理论性知识。通过历史逻辑和现实逻辑相统一的方法来达到对家国情怀的理性认知，避免片面化和碎片化地理解家国情怀。

2. 厚植爱国之情

爱国情感的形成是认知发展的结果，也是人们持续有意识地培养和培育的产物。培养爱国情感需要在经济社会发展的实际环境中建立，在家庭教育和家族价值观中建立，在国家政治制度上建立，在民族团结中建立。构建牢固的民族共同体意识是培养家国情怀的民族文化基础。民族共同体意识从最初的血缘纽带逐渐发展为一种文化象征，它是民族成员对所属群体的心理认同和情感归属，也是爱国主义形成和发展的原始基础和动力。在当前经济全球化带来深刻变革的背景下，国家之间的竞争日益激烈，不同文明之间的交流和碰撞加剧，更深层次地体现了文化意识和民族身份认同。建立强大的中华民族共同体意识，是保持大学生持续、稳定发展爱国情感的基础。

结合教育对象特点，根据认识由感性向理性发展的上升规律，在不同的年龄段进行爱国主义教育。小学阶段主要是道德情感启蒙，引导学生树立成为社会主义建设者和接班人的美好愿望；初中阶段主要是为未来发展打牢思想基础，强化成为社会主义建设者和接班人的意识；高中阶段主要是培育政治素养，教育引导学生拥护党的领导和社会主义制度，形成政治认同；大学阶段重在培育使命担当，以实际行动争做社会主义合格建设者和可靠接班人。把握大学生家国情怀培育螺旋式上升的规律，夯实大学生爱国情感。

3. 树立强国之志

爱国不仅是知识认知和情感共鸣，中华民族能够历经磨难而绵延发展至今主要依靠的是爱国纽带，"爱国"已经成为个人内心的一种信念和整个中华民族的信仰，要把这种爱国之志从个人的价值信念培育开始做起。

家国情怀培育的最高理想是"治国、平天下"的伟大志向，而"修身、齐家"则是达到"治国、平天下"的逻辑起点和先决条件。大学生需要在"修身"中树立强国之志的价值信念。家国情怀培育是大学生个人和群体实现人生价值的基本途径与源泉，所谓大河有水小河满，涓涓细流汇聚汪洋大海，个人和国家之间的关系体现为有机统一的辩证关系。家国情怀培育的价值目的本质上是价值理性的体现，是对国家富强和人的自由全面发展的追求。

家国情怀培育作为一种意识形态教育实践活动，它的价值理性表现为目的性，目的理性特征在于其追求自身行为的合目的性。所以，从人的教育实践活动来看，家国情怀培育本身就具备合目的性的价值诉求。家国情怀培育的价值理性和工具理性不同，它的主体是活动的人本身，意味着家国情怀培育的理性基础构建在以人为本的立场。对国家的忠诚和热爱是家国情怀培育的价值理念与追求。

培育新时代大学生的家国情怀是一个循序渐进的过程，青年大学生的发展需要获得解放，成为真正自由自觉的历史主体。每一代青年人都承担着历史上赋予他们的责任和使命。当代大学生是与新时代共同成长的一代人，他们既是追逐梦想的人，也是为实现梦想而努力奋斗的人，更是实现梦想的人。在探究培养新时代大学生家国情怀的过程中，我们必须把大学生作为实现价值的主体，紧密追随时代的主题。从生产力和生产关系的角度来看，随着物质生活条件的不断改善，人们对美好生活的精神追求和向往也更加强烈。大学生的家国情怀培育旨在实现这种价值目标，但这离不开当代中国社会主要矛盾变化的现实基础。我国社会主要矛盾已经转变为人民日益增长的美好生活需要和不平衡不充分的发展之间的矛盾。大学生的强国志向与价值信念就是肩负起中华民族伟大复兴的使命，并不断开拓进取。

4. 倡导报国之行

从爱国认知到爱国情感再到爱国意志，完成了从感性认知到理性认知发展，但也只是停留在认识领域而已，认识的最终目的是要用来指导实践，从而实现认识到实践的第二次飞跃。按照理论指导程度的不同，实践的自觉性也不同，理论指导的程度愈低，自觉性也愈低，完全没有理论去指导的实践，实践就是自发的。大学生家国情怀培育的目标最终要以大学生的爱国实际行动传达为检验标准，以报国之行是否符合爱国之情和爱国之志为标准。所以，大学生报国之行的传达要解决以下两个问题：

（1）引导报国之行从自发走向自为。人们对自己的家乡和故土家园具有一种本能的好感和依恋，在面对家乡和祖国受到侵犯之时会产生朴素的保护意识，这种意识所产生的实际行动不需要经过专门训练和教育就能产生，所以，它具有原始性和共同性，属于自发状态。大学生家国情怀所体现出来的报国之行，不是原始的自我保护冲动，而是建立在对本国人民权益的集体维护与世界共同体利益兼顾的理性自觉。理性自觉依靠教育启发和系统长期的训练以及个体意志的坚持，是自发状态的发展和提升。大学生需要有意识地克服自发冲动，多运用理性自觉。同时，大学生本身还是受教育者，面对复杂的国内外形势还没有办法准确清晰地分辨各种情况，需要教育者以身作则率先垂范，用高尚的人格和坚定的政治立场帮助大学生实现报国之行。

（2）尊重报国之行的阶段差异。新时代是和平与发展的时代主题下的新时代。除了特定的国家安全工作部门的工作人员和高精尖科研人员，大多数人的报国之行主要采取间接方式，如遵守法纪、热爱本职工作等。在大学阶段，大学生的爱国主义教育注重培养使命担当意识，使他们努力成为社会主义建设者和接班人。因此，报国之行主要体现在努力学习科学文化知识，积极参与社会实践，响应国家的号召。同时，当面对损害国家利益、集体利益和国家荣誉的错误言行时，大学生应挺身而出，发出时代中最强的爱国声音。

（三）大学生家国情怀培育的发展目标

家国情怀培育的发展目标具有向内和向外两种发展张力，向内发展目标是指通过铸牢中华民族共同体意识以增加爱家爱国能力，向外发展目标是指通过构建人类命运共同体意识以增强新的"家国天下"观念。培育新的家国情怀需要在新的社会物质生产条件之下构筑新型家国共同体，这个家国共同体就是铸牢中华民族共同体意识，凝聚全体中华儿女的民族归属感，同时在经济全球化时代，物质生活的生产方式已经把全人类紧紧地融入了经济利益共同体中，原来狭义的爱国主义必然打开国门走向全人类。新时代中国青年要有家国情怀，也要有人类关怀，为构建人类命运共同体而努力奋斗。增进人类关怀，实质上是家国情怀的外延发展。需要明确人类命运共同体意识培育的前提、人类命运共同体意识培育的基础。

1. 向内发展目标

新时代的大学生家国情怀培育需要寻找并培育新的价值认同土壤。这个新的土壤就是对中国共产党的认同、对伟大祖国的认同、对中华民族的认同、对中华文化的认同、对中国特色社会主义道路的认同。这五个认同共同汇聚为铸牢中华民族共同体意识。中华民族共同体意识的构筑，可以更好地厚植青年大学生家国情怀。中华民族共同体意识具有凝聚力量、巩固民族团结、增强发展动力的作用。当代大学生的家国情怀表现为对民族、国家、骨肉同胞的感情和价值认同。中华民族共同体意识内在包含了中华民族、中华人民共和国、中华儿女命运与共的内涵。中华民族共同体意识和家国情怀在内涵上具有可通约性。同时青年大学生的特质有利于中华民族共同体意识的激活和率先垂范。

2. 向外发展目标

（1）人类命运共同体意识构建的前提是扩大国际视野。人类关怀能力建立在对世界百年未有之大变局的清晰了解基础上，依赖于国际视野的拓展。

经济全球化时代要求当代大学生必须具备国际视野，从国际视野出发来考察家国情怀的培育。国际视野又可以称之为国际意识、国际观，它是人们对国际形势的把握和研判能力，以及国际事务处理能力。扩大国际视野意味着扩大我们的胸襟，从整体性和关联性对世界上资本主义和社会主义两种主要制度进行异质文明的对比思考以增强包容性。同时不要忘记斗争性，要实现中华民族伟大复兴的中国梦，需要从心理和实际行动上随时提防着两种制度之间客观存在的意识形态之争，在看待天下大同美好愿望的同时也要脚踏实地，做好本职工作。

（2）人类命运共同体意识构建的基础是共同体价值。中国倡导构建人类命运共同体正是在这样的世界历史转向中提出的全球治理方案和人类解放的思考。其中蕴含的"和平、发展、公平、正义、民主、自由"人类共同价值是凝聚全人类和朝着人类解放伟大目标迈进的价值基石。大学生建立人类关怀的能力，需要把本民族和他民族放置在共同的价值关怀中才有可能。通过拓展宽阔的人类情怀，实现家国情怀培育的发展性目标。

四、高校思政课培育大学生家国情怀的路径

（一）高校整合课程资源，增强内容的针对性

1. 提炼优秀传统文化中家国情怀的内容

中国是历史长河中唯一从古至今延续的国家。几千年的中华文化源远流长，代代相传

留下宝贵的优秀传统文化，是几千年文明的结晶。这些优秀传统文化作为民族的根与魂，孕育了家国情怀的精髓。中华优秀传统文化中的家国情怀思想包含着"家国同构"的重要理念、大爱精神中的"仁者爱人"，以及崇高理想中的"修齐治平"。从个人到家庭，从家庭到国家，家国情怀是扎根于文明血脉中的文化传承。

当前，我国大学生生活在思想文化相互激荡、多种社会思潮并存的历史环境中。一方面，大学生的思想更加活跃、思维更加敏捷；另一方面，由于缺乏丰富的社会经验和准确的辨别能力，在复杂的社会环境中，大学生往往容易受到负面影响且难以识别。而中华优秀传统文化则成为抵制西方糟粕文化的有力武器。因此，加强对中华优秀传统文化的学习和传承对于培养大学生坚守家国情怀、认清社会思潮的重要意义不可忽视。

结合大学生认知特点，提炼中华优秀传统文化的内容时要重视以下三点：

第一，以学生为中心，整理大学生喜闻乐见的文化内容，增强大学生的文化自信。例如，可以充分利用当下的"国潮"热，"国潮"热是一种中国情怀，同时展示了大国风范，也是我国的文化自信的彰显，是一种文化现象。以"国潮"产品为载体，分析其承载的历史记忆和本土文化，更贴近大学生的生活，同时改变大学生对于学习传统文化的刻板印象，让年轻人的观念中将学习传统文化变为一种时尚，提高大学生学习的积极性。

第二，注重传统的家风建设，重视家教家风在大学生成长中潜移默化的作用。可以以中国历史上爱国名人、近现代爱国人士、优秀共产党人的家风家教为事例，以他们的家书为载体，了解每一份家书背后的故事，唤起植根于每一个中华儿女内心深处的家国情怀。

第三，充分运用中华优秀传统文化中个人修养的部分。"修齐治平"的崇高理想，是将个人的生死荣辱系于国家、天下。这对于培养大学生的责任担当意识，树立理想信念有着重要的作用，同时进行国情史情教育，使大学生能秉承"位卑未敢忘忧国"的爱国情怀，树立"为中华崛起而读书"的远大理想，修炼"先天下之忧而忧"的高贵品德，担当"天下兴亡、匹夫有责"的历史重任。

2. 深挖思政课中蕴含家国情怀的内容

思政课教材的内容经过几次修订，都是根据学生和教师的实际情况进行编写，符合教学目标，教材内容已经非常丰富详尽，但是对于家国情怀的内容没有单独列出来，而是融合到每一门课程中，导致在培育大学生家国情怀时缺少系统的有针对性的内容。因此，可以从每一门课程中深度挖掘、整合家国情怀有关的内容，以凝聚学生思想共识，深化学生的家国情怀。

3. 紧跟时政热点，体现培育内容的时代性

丰富家国情怀的培育内容，必须正确处理好思想性与知识性的关系，同时还要密切联

系现实社会中的新情况、新问题。在选择时政时中不仅不能回避热点问题，还要引导学生关注热点问题，当代大学生处于改革开放和社会主义现代化建设的新时期，他们能亲眼看到社会主义现代化建设的辉煌成就，能亲身体会到党的各项方针政策的实施成果。他们非常关心社会，关注社会中的新情况、新问题，从这些新情况、新问题入手，吸引大学生学习家国情怀的相关理论，进而提高学生学习家国情怀的主动性、积极性。

（二）学生深化家乡归属感，践行责任担当

所有的理论学习，归根结底都要落实到实践上，实践才是检验认识真理性的唯一标准，实践也是检验大学生是否将家国情怀内化于心、外化于行的唯一途径。引导大学生深化家乡归属感，践行责任担当可以从身边的事情做起。

第一，大学生应该自觉担当家庭责任，为家人做力所能及的事情，主动传承优良家风、家教。家国情怀的传承始于家庭，家庭是对个体发展最直接的影响因素。父母作为孩子的第一任教育者，在家庭教育中为孩子进入学校学习打下基础。个体在家庭教育中形成自己的世界观、人生观和价值观，并体现在个体的为人处世和言行举止中。优秀的家风和家教对个体会产生深远且持久的积极影响。另外，家庭是爱的摇篮，个体对家庭的依恋感和责任感激励个人不断进步。个体的成就也成为家庭和谐健康发展的保障。"修身、齐家"是儒家伦理政治的核心理念，强调个体要修养身心，涵养德性，并不断提升自己的品格修养和道德情操，以整顿家风和家规，治理好家政，实现家族关系的和谐和美满。这要求个体在日常生活中注意自己的行为举止，严格要求自己，从自我反省中为家庭作出应有贡献。

第二，大学生可以对家乡进行实地调研，加深对家乡的感情。不论家乡是在城镇还是在农村的大学生，均可利用假期时间，进行实地走访调研，并形成自己家乡的调研报告。城镇的大学生走访自己所在的社区，了解现在社区的建设情况；农村的大学生可以走访自己所在的村子，了解在乡村振兴的政策下，村子的变化、村民们生活的变化。

第三，大学生应该积极参加高校组织的"三下乡"活动，提升自己的综合素质。在"三下乡"的过程中，不仅能锻炼大学生的沟通、协调、合作能力，还能加强大学生和家乡的联系，增进对家乡地理环境、人文情怀的了解，看到家乡未来发展的美好前景，坚定建设美丽家乡的信心，从而提高大学生的家乡归属感。引导大学生萌生和坚定用自己的实际行动建设家乡，为美丽中国凝聚青春力量，激发起敢于担当民族复兴大任的意识。

当下，面临着复杂多变的社会形势，身为大学生更应该加强传承弘扬社会主义核心价值理念，激发自身的社会责任感和使命感。大学生应该自觉树立崇高的世界观、人生观和

价值观，自觉培养自身的集体观念、团队精神和奉献意识；自觉服务大局，不断超越狭隘的自我意识，树立远大理想和崇高信念；自觉投身于服务国家发展、民族进步的历史洪流中，为中华民族屹立于世界民族之林作出应有贡献；要摆脱极端的功利主义和利己主义思想，提高服务社会意识，用自身的力量和智慧为人类社会的进步和可持续发展作出应有贡献。

第二节　高校思政理论课中文化自信的培育

文化是一个国家的血脉，是一个民族繁盛强大的灵魂，文化自信是一个民族兴旺发达的精神象征，体现了一个民族精神世界的极大丰富和完美，推动着民族和国家的发展。文化兴盛事关国家命运，大学生作为文化复兴和创新的传承者，其文化自信状态关系到民族文化的繁荣发展。高校思政理论课是培育大学生文化自信的主要途径，深入分析高校思政理论课在培育大学生文化自信中存在的问题，探讨其培育路径对于实现思政教育功能具有重要的研究意义。

一、高校思政理论课培育大学生文化自信的必要性

思政课培育大学生文化自信，是时代所需，也是落实立德树人根本任务的要求所指。因为大学生文化自信的坚定状态，事关民族文化繁荣发展，事关建设文化强国目标的实现，推动高校思政理论课程文化自信教育，是一项重要的时代任务和政治工作。

（一）大学生坚定文化自信事关民族文化的繁荣发展

一个民族最内在、最真实和最深远的力量并不是政治、经济和军事力量，而是看似无形的文化力量。文化是一个国家、一个民族赖以生存的保障，也是一个国家、一个民族的象征，是与其他国家、民族不同的主要表现形式。在实现中华民族伟大复兴的新征程上，中国特色社会主义文化承担着的责任和使命，为建设繁荣兴盛的文化进一步指明了前进方向和奋斗目标，是我们党对新时代中国特色社会主义文化的新认识、新概括，是指导新时代中国特色社会主义文化发展的新思想、新理论。当代大学生作为中国特色社会主义文化自信最有力的传播者和践行者，他们能否有高度的文化自信、文化自觉，不仅关系到对中国特色社会主义的道路、理论、制度的自信问题，更关系到中华民族文化繁荣发展和中国特色社会主义事业的持续推进问题。因此，培养大学生坚定文化自信具有重要的时代意义

和现实价值。

（二）培育大学生文化自信是高校思政理论课的要求

当今世界正处于百年未有之大变局，在这个变局中，大学生面临着极其复杂的外部环境。随着世界多极化、经济全球化、社会信息化、文化多样化的深入发展，青年学生们在价值观念塑造和行为模式生成的过程中，容易受其时代烙印影响，无法进行正确的价值判断和行为选择。高校思政理论课作为落实立德树人根本任务的关键课程，其旨在传递知识、能力、情感态度、价值观，通过信息、知识和文化等媒介来塑造人的价值体系和思想政治素质。

培育大学生文化自信是思政教育的重要内容之一，用思政课培育大学生文化自信，有利于立德树人目标的有效实现。即在大学生关键的"拔节孕穗期"，精心引导和栽培其人格品质的形成，塑造高尚的精神品质和文化涵养，高校思政理论课承担着重要的历史使命。

总之，在思政课中培育大学生文化自信是课程属性的应有之义，高校思政理论课理应引导学生树立和坚定文化自信，达到以文育人的教育目标。

二、高校思政理论课与大学生文化自信的内在关系

文化自信所蕴含的精神内涵具有教育功能，也是高校思政理论课文化自信培育的理论源泉。而高校思政理论课培育学生文化自信，其本身也是一种文化教育，两者在内在价值观念、价值引导、教育目标上都是围绕"育人"的教育目标进行的，即思政课传授文化自信知识、培育大学生文化自信情怀、启迪大学生文化自觉，是培育大学生文化自信的主渠道和关键课程。

（一）文化自信为思政课开展提供精神底蕴

1. 中华优秀传统文化增加了思政课文化内涵

博大精深的中华优秀传统文化历经时代淬炼而更显其永恒价值，它既有灿烂辉煌的文化成果，也有传统美德、哲学思想、人文精神的价值导向。道法自然、天人合一的哲学思想对应马克思主义唯物史观，有无相生，难易相成的辩证智慧与矛盾双方对立统一相契合，中华优秀传统文化的哲学智慧丰富了马克思主义哲学内涵。仁爱精神、修齐治平、诚信伦理、自强不息、俭约意识、报国情怀等精华元素，这些极具鲜明人文特征元素与思政课道德教育、人文素质相契合，塑造了中国人的精神世界，是思政课讲文化自信的源头和

底气来源。

中华优秀传统文化作为思政课文化自信培育的源泉和沃土，它所承载着的遗传基因和精神密码，为思政课提供了丰富的文化资源。将这些宝贵的思想资源融入思政课教学中，丰富了单纯枯燥的思政课文化理论讲解，拓宽了思政课文化自信培育厚度，深化了大学生对文化自信的理解。

2. 革命文化丰富了思政课教学素材

革命文化蕴含着中国共产党和中国人民的集体智慧，革命文化的价值内涵、精神品质、红色基因有利于培育崇高理想信念、道德情操、民族复兴担当的时代新人。

（1）中国共产党革命精神丰富了党史教学内容。中国共产党人为实现革命理想勇于拼搏，不怕牺牲的顽强精神，例如：井冈山精神、苏区精神、长征精神、延安精神；在中国特色社会主义建设和改革开放过程形成的大庆精神、雷锋精神、"两弹一星"精神、特区精神、救灾精神、载人航天精神、改革开放精神等，这些精神谱系是培育大学生树立崇高理想信念、厚植爱国情怀的最好素材。

（3）革命历史过程中遗留的革命遗址、纪念馆、博物馆、展览馆、英雄纪念碑和革命烈士遗物等物质载体生动诠释了革命先辈的"初心"和信念，为思政课教学开展提供了鲜活素材。

（4）每所高校当地红色资源蕴藏着永恒的精神价值，当地红色文化中历史事迹、历史人物、红色教育基地等鲜活案例丰富了思政课教学内容，加强了文化自信培育的历史厚重感，容易使学生对课程学习产生极大兴趣。思政课是落实立德树人根本任务的关键课程，革命文化所传达的精神和反映的价值取向丰富了立德树人的深刻内涵，革命文化为思政课教学提供丰厚土壤，是培育新时代大学生文化自信的重要素材。

3. 社会主义先进文化增强了思政课时代感

社会主义先进文化植根于中华优秀传统文化，立足于中国实际，在改革创新中形成具有自身民族特性的先进文化，是与新时代相适应的崭新文化，代表了当代中国文化发展方向和时代进步发展要求。

社会主义核心价值观作为社会主义先进文化的精神支撑和价值灵魂，其民族性、时代性、先进性赋予了思政课教学的时代内涵。社会主义先进文化中的马克思主义中国化理论成果是扎根在中国大地上形成的 21 世纪中国化马克思主义，其思想性、真理性丰富了高校思政课文化育人理论。社会主义先进文化中突显的民族精神、时代精神是当代中国文化精神的生动诠释，中国精神、中国价值、中国力量彰显了中国文化自信，其丰富的内涵精髓赋予了思政课文化自信培育的时代感，是加强思政课时代性的鲜活案例。当代中国的文化成就、文化制度优势、文化发展前景是鼓舞大学生坚定中国特色社会主义文化自信的根本前提，社会主义先进文化的蓬勃生命力增强了思政课的现实感和时代性。

（二）高校思政理论课是培育大学生文化自信的重要课程

大学生文化自信培育是一个注入情感的过程，是一个由初步认知到情感认同，进而上升为文化自觉意识，由内心上认可到行动上自觉、再到信念上自信的过程。文化自信在丰富思政课的同时，思政课本身也含有文化自信内容。思政课帮助树立文化自信认知、培养文化自信情感认同、启迪大学生文化自觉，有利于大学生形成文化认知、文化认同、文化自觉，到文化自信由浅入深、逐渐深入过程，它是培育大学生文化自信的主渠道和重要课程。

1. 思政课帮助树立文化自信认知

在思政课中传授文化知识，就是要使大学生肯定和认识民族文化的价值，理性地认识外来文化，坚信本民族文化生命力的强大。学生在接受社会主义先进文化知识的同时，教师结合中华文化国际传播背景，讲述"一带一路"与中华优秀文化国际化传播，阐述中国精神、中华文化理念。学生能领悟到中国文化在国际传播中的重要价值，深刻感受到学习中华文化的魅力所在。思政课中所传授的文化知识有益于触动大学生感性认识，使大学生对文化自信知识产生一定认知。

2. 思政课培养文化自信情感认同

例如，在《思想道德修养和法律基础》课程中，爱国主义教育、理想信念教育、文化素养培育、引导大学生全面发展等是大学生对文化自信产生共鸣的关键内容，能够激发大学生树立正确的三观，引导大学生担当民族复兴的时代责任。文化自信的核心本质是核心价值观自信，在教学中，教师引导学生理性看待世界发展变化，正确回答学生们关心的、困惑的问题，共同探讨学生们期待和需要的话题，能够使学生们认同我国的文化价值理念，对文化内涵产生情感认同。在《中国近代史纲要》课程中，教师讲解历史故事、历史人物和民族文化之间的内在联系，讲授近现代的历史过程，阐述传统文化这一因素在一系列的历史事件中产生的重要影响，使学生们远离历史虚无主义的错误倾向，辩证地看待中西方之间的文化，从而增强大学生对优秀文化传统的热爱。

3. 思政课启迪大学生文化自觉

大学生文化自觉是指其在学习文化、内化文化和创新文化时体现的一种文化主体意识，具体表现在大学生实践过程中。思政课提供了大学生文化自觉的重要场域，在研习文化中培养大学生马克思主义世界观；在学习文化价值观中内化大学生个人行为，从而自觉升华为文化自觉意识；在创新文化中培育文化主体意识，使大学生树立正确的道德观、法律观，增强文化自信心。思政课为大学生价值观的形成、批判性思维的培养、文化内化的训练方面提供重要的指导，大学生在文化内化过程中，形成高度的文化自觉。

三、加强高校思政理论课培育大学生文化自信的对策

培育大学生文化自信是一个复杂的系统工程，并不意味着只需要上思政课就能够达到目的，要实现文化自信培育目标，需要多要素相互作用、共同参与。

（一）学生自主增强学习能力，树立文化自信意识

培育大学生文化自信离不开学生主体，学生是其内因，外因起影响作用，而内因是其形成文化自信的根本。大学生树立文化自信意识要经过文化认知，形成文化认同，进而进行文化传承和文化创造。因此，大学生只有不断增强学习本领，在学习中提高文化鉴别力，在学习中参与组织创新文化活动，才能更好地理解文化自信释放的独特内涵，才能更好地树立文化自信意识。

1. 注重大学生文化知识的学习

大学生应该努力学习文化知识，多读书，多实践，多思考。大学生应该多读一些关于经典文化的书籍，通过不同的方式学习小说、诗歌、绘画和建筑等经典作品。从经典文化作品中吸取精髓，深刻感受传统文化的元素，提升自身涵养。多利用学校开设的文化课程学习相关文化知识，尤其是通过思政课课程来丰富自身的政治文化，学习中遇到问题要及时和老师沟通，在老师的指导帮助下，不断修正自己，这样才能进步，有所收获。大学生也应该更多地了解历史。了解全球通史、了解中国人的历史，尤其是了解中国的国史、社会主义发展史、改革开放史，这些历史能激发自己对中华民族文化的认知能力。大学生还要多关心国家大事，了解更多的国际文化，了解多国文化之间的差异，用国际的眼光看待各国的文化成果。

2. 增强大学生的文化鉴别力

高校作为传播文化意识形态的主阵地，是各种文化碰撞之地，大学生是高校的核心主体，是传承创新文化的希望。在各种社会思潮全面涌入时，大学生要保持头脑清醒，自觉地增强慧眼，提高辨别力，要辩证地分析和理性的认识各种文化思潮渗透问题，在各种文

化传播中过滤、甄别地接收其优秀文化，合理地鉴别外来文化。在生活中，不要盲目热衷于西方生活方式，合理辩证地看待西方节日，理性认识西方文化。在文化国际交流中，要警惕西方文化对自身价值观的影响，对西方文化渗透问题，要提高辨别其文化价值好坏的能力。另外，面对误导性舆论，在事实不清的情况下，大学生应该做一个冷静的旁观者，不要盲目跟帖和发表过激观点，等待真相被澄清之后再表达自己的看法。要树立对网络舆论筛选、鉴别意识，坚持不盲从网络上面的舆论报道，要做一个理性参与舆论的大学生。

3. 鼓励大学生积极参与校园文化建设活动

大学生在享受校园文化培育自身素质的同时，应该转换身份角色，以高度主人翁意识积极地投入到校园文化建设活动中去。大学生积极参与组织校园文化建设活动时，要有对自己民族文化的热爱情感，所以，在平时的生活和学习中，大学生要关心民族文化的发展。大学生可以根据自身情况成立一些文化社团，如：大学生艺术团、话剧社、音乐社、画社、羽毛球协会等，不断丰富和创新社团文化活动的内容和形式，充分发挥文化社团在文化建设活动的作用，这样学生能使自己自觉地学习文化传统。另外，大学生要树立创新意识。大学生群体是可爱、可信、可为的青年群体，极富蓬勃朝气，文化创新寄托于大学生身上。因此，在参与组织校园文化建设活动过程中，大学生要有开拓创新意识，结合自己专业和其他优势，积极投身于校园文化建设和宣传工作中，不断拓宽文化内涵，创造新文化产品。

（二）加强改革创新，增强文化自信培育的实效性

在培育学生文化自信过程中，课程培育的内容很重要，但是，课程形式也会影响文化自信培育的实效性。因此，课程培育不仅要内容为王，也要形式创新，即运用科技手段创新教学模式、多渠道开辟第二课堂、进一步完善课程考核机制等。

1. 运用科技手段创新教学模式

21世纪是互联网信息时代，大数据、云计算、物联网、区块链、AI、5G+等成为网络频词。大学生作为互联网科技快速发展的产物，是互联网中成长起来的一代，更依赖于网络。大学生对互联网的使用频率高于其他普通人群。在高速发展的信息化时代背景下，要提高思政课培育大学生文化的自信实效性，就不能单靠黑板和粉笔的授课模式，必须顺应时代变革，充分运用科技手段创新教学模式。

（1）在文化自信讲授过程中采取多元化教学模式。20世纪90年代兴起课件、音频、视频、互联网等多种媒体教学模式，21世纪开启无线网络设备的移动教学模式。课程培育

学生文化自信需以 21 世纪信息化教学资源为契机，以教学模式改革成果为参考，不断地学习和运用多元一体教学模式。根据课程教学实际，灵活运用微课堂、翻转课堂、慕课、智慧课堂等新型教学模式。例如：学生课前网上预习、课中向老师在线提问、课后和同学在线讨论，打卡完成随堂作业，检测对文化知识要点、时事热点的理解和掌握程度等。

（2）注重与信息技术的深度融合。采取大学生普遍接受的网络教学方式，充分运用信息化、网络化教学，打造网红思政课，以促进教学方式的革新。在平时生活中，大学生们喜欢刷微博、微信、看抖音，教师在讲授文化自信方面时，可以结合学生兴趣点来选取教学内容。

创新性的课堂教学方法容易吸引学生注意力，调动学生的积极性，提升文化培育教学效果。同时，各学院也可以组织大学生定期收看类似于马克思主义理论大讲堂这样的活动，教师讲，学生评，师生互动与交流，用学生喜欢的方式，激发学生的情感认同，从而将文化内涵融入学生内心。丰富多样的教学方式，创新性的教学模式，有利于提高文化自信培育的实效性。

2. 完善优化课程考核机制

完善的文化自信培育体系不仅包括完善的课程及教学体系，还包括完善的课程考核机制。课堂考核的具体化和严格化，对于提高思政课实效性具有一定作用，有利于教师和学生后续更好的教学和学习。

（1）课程考核方式多样化。检验学生文化自信培育效果可以放在多领域、多视角、多范围来考核。比如：学生课堂参与、课外实践心得分享、课下学生文化经典书籍阅读笔记、学生参与的文艺演出等，即用多种方法结合起来对学生进行多方面考核，避免单一化考核可能产生的结果偏差。

（2）完善课程反馈和评价机制。一方面，课程评价标准要根据学生获取文化知识程度设计，因为学生是否深刻理解文化、热爱文化程度、文化自信自觉状态都是教学效果的体现；另一方面，评价过程还应注重学生参与，高校思政理论课培育学生文化自信绝不是单向度的培养，需要以学生为主体。通过学生的评价了解学生的需要，掌握文化自信培育的重点和难点，优化教学方法，进而提升培育的效果。

（3）充分考虑教师群体的激励机制。教师对职业的积极性关系到培育成效的好坏，在评价机制中应该考虑到教师奖励性问题，不论是精神奖励，还是物质性奖励，都能一定程度上激发老师的积极性，使教师在重视文化教育的同时，也能推动文化自信培育的优化。

第三节　高校思政理论课中劳动精神的培育

劳动精神是指引大学生勤勉上进的价值航标，引领大学生展现昂扬向上的精神风貌。劳动精神的养成有利于学生形成良好的劳动价值观，提高劳动技能水平。

一、大学生劳动精神的相关概念

（一）劳动的概念

劳动是培育劳动精神的前提。为了深入研究和把握劳动精神，我们需要联系其本质，明确"劳动"的含义。通过探索人类社会的发展历史，我们可以发现劳动是人类存在的重要因素。人类通过劳动的过程，实现了进化和发展，形成了人类社会。劳动与人类社会的存在是相辅相成的，劳动伴随着每个人的生活和生产。

对于劳动的概念理解，应当坚持与时俱进，从现代的语境中深入理解和把握。劳动创造了人类、社会关系、财富和美好的事物。劳动是让自由个体得以存在和发展的重要途径，也是人类本质力量的体现。

（二）劳动精神的概念

劳动属于物质层面的范畴，泛指人们的实践行为。精神是头脑中产生的意识，可以指导人的实践并给予人强大力量。因此，精神上越富有的人，越能战胜劳动实践中的困难，越能创造价值。

劳动精神，从个体生命层面来讲就是在劳动的光荣性、劳动的自觉性、劳动的时代推动性和劳动的普通性、广泛性以及劳动的奉献性、自我实现性。同时，从个体生存发展的角度来讲，劳动精神是个体生命为了实现美好生活的需要，适应和推进社会发展的具体体现。劳动精神表现为在劳动过程中所持有的观念、形成的情感态度以及展现自身的精神风貌，经过长期的形成发展，固化为一种有利于个人和社会发展的精神状态。只有正确理解劳动精神的内涵，才能将其转变为指导我们实现自身的目标和理想，以及引导我们探索实践的方法论。从这个维度上看人类的劳动是劳动精神产生的逻辑起点，对劳动精神的产生具有基础作用；劳动精神是人类在劳动实践中获得的思想和情感升华转化而来的，是社会劳动实践在意识形态领域的高阶升华。

对于劳动精神的理解，可从以下三个方面进行考量：

第一，劳动精神是劳动本身的内在抽象概括，既是对劳动者自身具备的劳动面貌、劳动品质的一种形象描述，也是劳动者自身能动表达劳动情感的一种概括。

第二，劳动精神是中国共产党人的精神谱系的一分子。2021年，经中共中央正式批准的第一批中国共产党人精神谱系中，劳动精神也被纳入其中。这就意味着新时代的大学生弘扬、践行劳动精神，既是责任和义务，更是义不容辞的历史使命。

第三，要区分劳动精神、劳模精神和工匠精神的关系。从内涵的角度讲，劳动精神是劳动者在实现美好生活的过程中展现"勤俭、奋斗、创新、奉献"的精神动力；劳模精神是劳动者从劳动品质、劳动精神面貌、劳动行为表现等方面表现出的精神影响；工匠精神是工人阶级钻研技术、担当敬业的职业品格。从实践的角度讲，劳动精神、劳模精神、工匠精神的共性是广大人民群众在中国共产党的带领下，经过实事求是、敢闯敢干、勇于奉献、刻苦钻研的生动实践下淬炼而来，是共产党人的宝贵财富，是人民群众的智慧结晶。

总的来说，劳动精神的概念是劳动者劳动思想和劳动行为的综合体现，凝结了勤俭的劳动美德、奋斗的劳动价值取向、创新的实践品格、奉献的劳动情怀。

（三）大学生劳动精神的概念

目前，高校思政理论课的教育对象是在校大学生，他们正处于朝气蓬勃、精力旺盛的青春时期，对高校来讲，培养好他们的世界观、人生观、价值观至关重要。对大学生进行符合其身心特点的劳动教育，是因时施教、因材施教的重要体现，亦是思政课落实好立德树人根本任务的要求之一。要全面把握大学生劳动精神的概念，就需要明确大学生主体的特殊性以及培养劳动精神的具体目标。

第一，从大学生主体的特殊性来看。一方面，大学生的学习特点相对于中小学生而言，大学生独立学习、自主学习、研究性学习的能力较强，他们可以通过校内外的各种有效渠道获取关于劳动精神的知识，并通过实践不断提升自己的劳动技能水平；另一方面，从大学生的价值取向来看，大学阶段是大学生价值观形成的关键时期，容易受到外部社会的影响，具体表现为在进行价值判断与价值选择时带有功利主义、个人主义倾向，在就业、择业时把工资、福利看得较重，在进行劳动实践时有明显的消极懈怠倾向。

第二，从劳动精神的目标来看。大中小学每个学习阶段劳动精神的教学目标应各有其侧重点。小学阶段注重劳动意识的启蒙，针对小学生的行为能力和认知水平的特点，开展简单的与培养劳动精神相关的实践活动。中学阶段注重劳动习惯的养成，将侧重点放在培养和强化学生的公共服务水平与意识上来，培养其良好的劳动习惯。大学阶段注重劳动精神的塑造，即运用劳动模范的事迹、劳动精神的内涵，去引领大学生价值观的生成，提升其参加日常劳动的主观热情，在劳动中磨炼个人的坚强意志，自觉弘扬劳动精神。

综上所述，大学生劳动精神不同于中小学生劳动意识启蒙和劳动习惯养成，是指大学生在学习劳动知识、参与劳动实践中形成的劳动态度、情感、观念等精神品质和实践意志的有机复合体。

二、大学生劳动精神与思政课的关系

劳动精神是高校思政理论课教学内容的重要组成部分，思政课教师应深刻阐述劳动精神，真正落实劳动教育进课堂、进教材、进头脑。

（一）劳动精神是高校思政理论课的重要内容

由于高校思政理论课独有的学科属性和特点，贯穿其中的劳动教育应以培养劳动精神为旨归，不同于大学生接受的其他劳动教育以劳动技能技术为主要内容，高校思政理论课教师必须深刻理解劳动精神的内涵和本质，把它贯穿于教学的全过程。

劳动精神的内涵、实质在高校思政理论课中的直接体现。高校思政理论课赓续传承红色基因的人和事多与劳动精神相关。伟大建党精神是中国共产党的精神之源，在其引领、支撑下，在党的百年征程中生成中国共产党的精神谱系。按照不同时期梳理有多个方面：在新民主主义革命时期，有井冈山精神、苏区精神、南泥湾精神等；在社会主义革命和建设时期，有抗美援朝精神、"两弹一星"精神、雷锋精神等；在改革开放和社会主义现代化建设新时期，有劳模精神、抗震救灾精神、载人航天精神等；在中国特色社会主义新时代，有脱贫攻坚精神、伟大抗疫精神、科学家精神等。这些都是辛勤劳动的精神，推动着社会主义现代化建设不断向前迈进。从杰出人物的角度看，有火箭之父钱学森、两弹元勋邓稼先、水稻之父袁隆平等，都是劳动精神的典范。

（二）思政课实践教学为培养大学生劳动精神提供机会

思政课是一个实践性很强的课程，推动思政课实践教学与劳动教育在社会、学校、家庭有机融合，是促进高校教育、大学生健康和全面发展的必然要求。

高校思政课的实践教学重在让大学生明白实践和劳动的关系，实践与理论相对应，劳动是最重要的实践活动，是实践的主要表现形式，也是坚持"五育并举"的重要一环。

实践与劳动是点与面的关系。高校积极推动科研项目、挑战杯、互联网+大赛等各类比赛活动，倡导大学生胸怀家国情怀、勇于创新、敢于拼搏；以革命、建设、改革开放不同历史时期出现的典型人物、英雄事迹和劳动模范为题材，开展党史专题讲座、大讲堂、校史教育等，引导大学生了解中国近现代历史，深入理解中国革命、建设、改革不同阶段的历史，理解中国共产党带领人民艰苦奋斗、辛勤劳动的历史，培植大学生的爱国意识、勇于为国争光的品质。不仅如此，高校要引导不同专业、不同年级的大学生积极参与寒暑假的调研活动、社会志愿者、宣讲宣传、支教支医、国企锻炼等实践形式，将所思所学转化为服务社会的实际行动和生动实践。通过扎实的社会实践，多维度观察社会、感受社会、体验社会，引导大学生真正做到知行合一，发扬奉献精神，最终服务社会、报效祖国。

大学生与家庭成员也是互相影响、动态反馈的关系。大学生在思政课上学习理论知识将对家庭其他成员有积极的影响，反过来家庭成员的劳动品质也会影响受教育者，两者互促互进。大学生从学校回家时，正是他们践行所学所悟劳动精神的重要时刻、重要场所。

三、高校思政理论课培养劳动精神的重要性和必要性

（一）高校思政理论课培养大学生劳动精神的重要性

高校是人才培养的重要阵地，在思政课这一关键课程中培养大学生劳动精神，有利于高校思政理论课实现立德树人根本任务；有利于劳动教育回归本真，向深里走；有利于推进高校"五育并举"的教育体系。

1. 有利于实现高校思政理论课立德树人的根本任务

党和国家高度重视高校思想政治工作，指出立德树人是高校思想政治工作的出发点与落脚点，并对高校"培养什么人、怎样培养人"提出了明确要求。在高校思政理论课中积极培育大学生的劳动精神与落实立德树人根本任务相互契合，有利于巩固思想政治工作阵地，有效促进高校立德树人使命的顺利实现。

（1）修养美德。通过高校思政理论课培育劳动精神，能够引导大学生知晓仁、义、礼、智、信、孝等，也可以帮助他们修身、齐家、治国、平天下。

（2）增长智慧。通过高校思政理论课培养劳动精神，是以最直接的方式将马克思主义劳动教育理论通过理论教学、案例教学、实践教学等方式灌输到大学生的思维和价值体系中，增强学生的理论功底和思想智慧。

（3）强体铸魂。高校思政理论课培养大学生劳动精神，能够引导学生以强健的体魄、坚强的意志、健康的身心和健全人格，积极参加劳动实践，锻造学生良好的劳动品德和坚韧意志。

（4）鉴美赏美。高校思政理论课培养大学生劳动精神，能够培养大学生的审美观，促进学生鉴美赏美，并在实践中激发创造美的能力，提升他们的审美情操和人文素养。

2. 有利于高校劳动教育回归本真

高校思政理论课劳动教育的"回归"，指的是培养大学生热爱劳动、勤于劳动，创新性塑造高素质劳动者与担当民族复兴大任的时代新人。高校思政理论课培养大学生劳动精神，就是要借助思政课课程内容、师资队伍、教学方法等，打破异化的劳动和失真的劳动教育，使大学生真心热爱劳动、心甘情愿参与劳动实践，让大学生正确认识劳动与人生价值、劳动与生活幸福、劳动与社会发展的关系，从而树立正确的劳动观念、崇高的理想追求。也就是说，凸显劳动教育以弘扬大学生劳动精神为核心指向和价值诉求的重要目标，促使学生成长过程中劳动教育转向回归本真、向深里走。

具体而言，在理论方面，能够把理论讲清楚、讲透彻，用真理说服、感召学生，让大学生从思想源头去认识、理解劳动教育的重要意义与时代价值；在实践方面，思政课立足实际、观照现实，知行合一，让大学生回归生活、学习劳模、志愿服务、体悟劳动，在各种创造性实践体验与劳动形式的多样性变革中，厚植劳动情怀。同时，通过思政课实践教学来巩固劳动教育理论，对书本知识的内化于心、外化于行，也是检验书本知识的有效途径，更是在现实生活中感悟劳动精神核心要义的必由之路，最终能提振大学生劳动精神。唯有如此，劳动才可能成为促进人追求自由的手段，劳动教育也才可能成为丰富自我、提升自我、完善自我的途径。

3. 有利于推进高校"五育并举"的教育体系

"五育"是衡量一个人素质定位的基本准则。当下，德智体美劳全面发展成为了当前中国教育的风向标，是党中央立足世情、国情、党情的新变化，对教育工作提出的新要求。从功能性的角度讲，"五育"在个体生命中扮演着不同的角色，分别体现了善、真、健、美、实的要求，它们之间相互协调、相互影响，但又不能相互代替。缺失劳动素养的个体是不完美的，所以，提倡高校思政理论课着力培养劳动精神，是德育与劳动教育有机融合的体现。

一方面，要看到劳动精神的特殊性和引导性，它可能动地刺激人的身体和心灵；另一方面，要看到劳动精神的育人价值，社会是人的社会，人是社会的人，人与社会不可分。人都生活在一定的社会之中，都必然具有社会属性，社会性是人的本质属性。由于劳动精神属于社会价值体系的一部分，劳动精神对社会中的人也有教育功能，这是其他四育无法替代的。

从联系和发展的角度来看，劳动精神是高校思政理论课的重要内容，将两者整合到一个教育教学模块，既能达到"德"的教育，也能达到"劳"的教育，这就为后续"五育并举"提供了探索路径。从这个意义上讲，探索思政课和劳动教育的融合，开展德智体美劳五个方面的互促教学，既有利于大学生劳动精神教育，也有利于"五育并举"的推进，为构建"五育并举"全面培养教育体系添砖加瓦。

（二）高校思政理论课培养大学生劳动精神的必要性

对大学生劳动精神的培养是高校深化教育改革、落实素质教育的一个切口，主要侧重于大学生坚韧意志、理想信念、高尚情操的培养，是夯实高校思政理论课理论与实践的必由之路。

1. 促进大学生养成坚忍意志

高校思政理论课的教学目标之一就是培养大学生坚韧不拔的意志和百折不挠的品质，重在引导他们正确认识生活中的成功与失败、辛酸和泪水、苦涩和甜美，科学对待生活中的前进和曲折。所以，要实现思政课促进大学生养成坚韧意志，就必须把劳动精神教育融入思政课中，使其既能引导大学生锻炼遇到困难不怕困难、遇到难题主动寻求答案、遇到疑难杂症主动破解，又能促进大学生深刻理解劳动价值观的内在逻辑、树立正确的劳动价值观，更能锻炼他们养成勇敢、坚强、坚毅、吃苦、勤劳的品质。

2. 培养大学生的高尚情操

高校思政理论课的目标之一就是培养大学生的高尚情操，深化热爱祖国、爱护集体、承担责任、匡扶正义的情感。一个人稳定倾向的感情和思想综合起来就是情操，高尚的情操统摄人的精神和生活，高尚的情操是在特定的环境教育和实践教育中形成的，对人的实践活动有着重要的指导意义。拥有高尚情操的人，通常在学习、生活、工作中都能取得优异的成绩，受到大家的爱戴和拥护。

当前，部分大学生存在责任意识不够、意志力薄弱，甚至品质低下，关键就是他们缺乏高尚情操。把劳动精神教育融入思政课中，通过劳动精神教育，牢固树立大学生的社会主义认同和爱国主义情怀，坚定民族的自尊心、自信心和自豪感，自觉维护国家的利益和民族的尊严；帮助大学生牢固树立勤奋学习的习惯，努力用人类创造的文明成果涵养、丰富、成就自我，实现德智体美劳全面发展；培育和践行社会主义核心价值观，促成他们形成艰苦朴素、大公无私、舍己为人、拾金不昧、奉献社会的良好品质。

四、高校思政理论课培养大学生劳动精神的实现路径

培养大学生劳动精神是一项复杂的系统工程。要使高校思政理论课培养大学生劳动精神落地生根并收获繁花硕果，需要从教学目标、教学原则、教学方法方面进行科学设计和具体落实。

（一）高校思政理论课培养大学生劳动精神的教学目标

目标反映教育的本质和方向，明确高校思政理论课培养大学生劳动精神的目标，是顺利开展教育教学活动、有效培养劳动精神的前提。

1. 涵育勤俭美德

勤能强本、俭可节用，两者相生相成，是劳动者勤劳而节约的劳动状态与道德取向的反映。其中"勤"，体现的是一种行为态度，是在劳动精神引领下的社会实践过程中，呈现出积极进取、奋发向上的生活状态和生存态度。"俭"昭示的是一种朴素美德，体现人们对物品的节约使用，更进一步体现着人们对劳动成果的珍视和尊重。

勤俭是中华民族代代相传的优秀品德，人世间的一切美好都需要通过辛勤劳动来获得，脱离了辛勤劳动，实现幸福美好的生活就是遥遥无期；只有不断增强节俭意识，辛勤的劳动成果才能越积越多。勤俭美德展现出的不仅仅是对自然资源、劳动成果的珍视，也体现出勤勉自持的劳动态度。

高校要充分利用好思政课主渠道，涵育大学生勤俭美德，引导大学生崇尚勤俭。为此，要大力宣传新时代的"勤俭观""消费观""资源观"，积极主动引导大学生树立正确的劳动价值观。倡导大学生践行绿色低碳发展理念，争当绿色低碳、勤俭节约的宣传者和践行者。

2. 坚定奋斗信念

奋斗是砥砺劳动品格、奋进青春的"磨刀石"。奋斗是"苦干"与"实干"的高度统一。奋斗强调苦干，苦干就是在面临种种困难挑战时，在思想上保持"不畏艰难、不怕吃苦"的意识，在行动上敢于面对苦和累；奋斗强调实干、脚踏实地、求真务实，劳动者在劳动生产过程中秉持的道德底色和职业要求，体现为劳动者在劳动中遵守法律法规、实事求是、不投机钻营，并敢于承担相应的社会责任等。唯有实干，脚踏实地完成每一项任务，才能最终通向成功，真正体会到劳动的幸福感和获得感。

对大学生而言，只有拥有坚毅和拼搏的奋斗信念，才能在学习劳动知识和参加劳动实

践中奋勇前进。特别是在大学生刚步入社会进行就业或创业时，他们可能会经历人生的各种艰难和挑战，在独自面对一些障碍和挫败时，可能会萌生放弃奋斗的想法或丧失积极性的心态。可见，在青春圆梦的历程中，只有坚定奋斗信念，才能提振劳动意志克服重重难关，才有可能获得最后的成功，实现人生价值。因此，坚定大学生奋斗信念至关重要。

通过思政课教学，帮助大学生坚定奋斗信念，要鼓励大学生主动参加劳动实践，增强奋斗本领。劳动实践是理想与现实之间的桥梁，要使梦想变为现实，就需要不断通过劳动实践提升自身的劳动能力。因此，思政课教师要鼓励大学生扎根基层，到人民最需要的行业去，到祖国最需要的岗位上去。此外，还要培养大学生积极的心理品质，锻造奋斗意志。思政课教师要关注学生的心理品质，当学生奋斗意志消沉时，有必要从思想或行动上给予学生心理指导，引导他们吃苦耐劳、百折不挠。

3. 塑造创新品格

塑造大学生创新品格也是高校思政理论课培养大学生劳动精神的重要目标。劳动是富于创新的，人类历史发展进程中的每一次飞跃都离不开人类的辛勤劳动和创新。创新通常是指基于现有的物质条件，运用自身学到的理论知识、科学知识、常识等，对旧事物进行改进或改造，从而获得新成果、新发明、新技术的劳动实践活动。创新的本质在于"破"，敢于打破简单性、重复性劳动的藩篱，不满足现状、不因循守旧；标志在于"新"，敢于探索新思路、新办法、新道路。创新品格则是指人们在劳动创造过程中表现出敢闯敢试的进取意识和不落窠臼的思维超越等品格的综合呈现。

大学生作为实现第一个百年目标的见证人和实现第二个百年目标的奋斗者，培养创新品格是促进大学生自身发展的需要，也是实现中华民族伟大复兴中国梦的需要。因此，高校思政理论课培养大学生劳动精神，尤其需要在塑造大学生创新品格上下功夫，着重培养他们敢闯敢试、敢为人先、精益求精的创新品格。

高校思政理论课具有与时俱进的特点和塑造品格的价值，是培养大学生深入思考社会问题、塑造大学生创新品格的重要阵地。

一方面，教师可以将最新的社会现象、社会热点、政策理论等引进思政课堂教学中，引导大学生主动运用马克思主义的立场、观点和方法对相关问题多角度、多层次、多结构深入思考，不断加强大学生求新、发散、逆向、综合思维的锻炼，使大学生突破固有的思维范式，在未来的职业和学习生涯中逐渐告别随大流的思维习惯、不断创新。

另一方面，高校思政理论课尤其注重对大学生人生观、价值观的引导以及道德的养成，教师可以运用隐性或显性的方式引导大学生养成敢闯敢试、勇于创新的品格。例如，思政课教师在课堂中直接讲授劳动精神相关的理论知识，这是显性。思政课教师利用个人人格魅力间接引导大学生体悟劳动精神，这是隐性。

4. 厚植奉献情怀

奉献是指对国家、集体、他人的利益以及自己孜孜以求的事业不计回报的爱心与自觉自愿付出劳动的行为。奉献体现的是劳动者在处理个人利益与集体利益、局部利益与全局利益的关系时所秉持的舍己为人、甘心付出的道德追求；蕴含着公共价值体认，即奉献的多少体现出人的社会价值大小，两者之间呈正相关关系；奉献体现了社会主义和集体主义的导向，即把国家利益、人民利益放在首位，彰显社会价值，是强化大学生劳动责任感、淡化大学生劳动功利性的精神枢纽。

高校思政理论课培养大学生劳动精神要以厚植大学生奉献情怀为目标，引导大学生甘于奉献、乐于奉献，成为有大爱大德大情怀的人。将厚植奉献情怀作为培养大学生劳动精神的目标需要做到以下两点：

第一，激发大学生社会责任感。责任意识是个体主动承担社会责任、履行社会义务的意识，只有当个体拥有强烈的社会责任意识之后，才能自觉投身于劳动奉献之中。应当通过多种方式培养大学生的社会责任意识，如鼓励大学生主动关注鱼龙混杂的社会现象，并引导他们独立思考社会现象反映的问题，通过思辨后作出符合社会责任要求的价值判断和选择，增强大学生乐于担当社会责任，享受乐于奉献的过程。

第二，引导大学生参与志愿者活动。志愿者活动可以体现志愿者的劳动精神和自身价值，教师可以引导大学生利用课余及假期时间参加各种形式的志愿者服务活动和公益服务活动，培养大学生的奉献意识。

（二）高校思政理论课培养大学生劳动精神的教学原则

教学原则是教育教学活动要遵循的基本准则，对于确立教育内容、方法、载体等具有重要作用。

1. 潜移默化原则

高校思政理论课内容广博精微，若要深刻地在思政课中培养大学生的劳动精神，则需要善于运用潜移默化的渗透性原则。教师借助多样化的教育方法和载体，不过于强调教育意图，让学生自然而然地接受潜移默化的影响。潜移默化的渗透性原则强调三个方面：（1）教师要从思想层面认识高校思政理论课培养大学生劳动精神的重要性；（2）教师要不断提高自身劳动素养；（3）教师要不断探索高校思政理论课融入、渗透劳动精神的方法与艺术。

坚持潜移默化的渗透性原则对高校思政理论课培养大学生劳动精神具有重要意义。潜移默化的渗透性原则强调遵循劳动精神的养成规律，大学生通过积极主动参与思政课堂内外的活动，独立思考和主动体悟，进而自觉接受并主动培养劳动精神。渗透性原则具有"隐形"、不易察觉的特点，行动于无形，作用于无边，有利于大学生在无意识状态下切身体会到劳动精神在生活中的具体表现，切实增强高校思政理论课培养大学生劳动精神的有效性。

2. 言传身教原则

榜样能给予大学生奋进的力量，帮助大学生坚守正确的劳动价值观念，激发大学生的劳动热情。高校思政理论课教师承担立德铸魂的重要使命，秉承言传身教的示范性原则，即"学高为师，身正为范"，应该以身作则，既要教大学生劳动理论知识，更要教大学生学会如何做人。既要言传又要身教，既要用语言来讲解和传授知识，又要用实际行动来做示范，于点滴中浸润学生心灵，在大学生中弘扬劳动精神。

言传身教原则可以从四个方面进行：（1）利用课堂讲解劳动模范、平民英雄的事迹，引导大学生不仅要尊崇众所周知的劳动楷模，而且要善于发现、学习身边的劳动先进个人，并表达对他们"平凡善举"的感激、可敬之情，引导大学生见贤思齐；（2）时刻关注社会变化实际，学习新技术，展现自身终身学习的劳动观念；（3）利用课余或周末空闲时间进入社区开展理论宣讲、城市垃圾分类、植树造林等志愿服务活动，给大学生做好劳动行动示范；（4）指导大学生申报与劳动精神相关的校级、省级、国家级课题，在实际的调研、写作中增强对大学生的榜样示范。

教师为了能够让大学生在课堂中学到更多、更精彩、更有用的知识，可以利用自己的休息时间反复打磨、修改自己的教学设计，这样精益求精、负责任的劳动精神感染大学生反思自己的劳动行为，从而端正劳动态度；教师在带领大学生开展相关课题研究的过程中展现出的学科素养和魅力，以及对大学生耐心的指导，可以引发大学生对教师的崇敬，激发大学生劳动的积极性。

3. 知行合一原则

"知行合一"作为思政课教学的基本原则。"知"指通过老师的课堂讲授，使大学生能够获得与劳动相关的理论、技能知识，初步形成对劳动的认识和认可。"行"指在掌握一定劳动理论、技能基础上，外化为社会劳动实践，更进一步加深对劳动的认同。换言之，培养大学生劳动精神，就要从书本引入，又要跳出书本，在理论上获得知识，在实践上取得能力，才能形成完整的劳动精神培养过程，促进青年大学生在社会实践中了解国情、增长才干、服务社会。遵循知行合一的实践性原则，需要做到以下两点：

（1）在"知"上下功夫。思政课教师要不断优化课堂教学，加强马克思主义经典劳动理论、中国传统文化中的劳动理念、现代劳动理论等教育，全方位开展劳动知识的传授和讲解，深化大学生对于劳动精神本质、特征、时代价值的理解。

（2）在"行"上下功夫。鼓励大学生把劳动热情和强国抱负主动融入各类劳动实践活动中，积极参加日常生活劳动、生产劳动和服务型劳动，努力提升自己的劳动技能水平；积极参加职业资格技能、创新创业等方面的培训，通过获得相应技能后能够为社会发展带来动力和活力。

总的来说，大学生不仅应该成为中国梦的见证者，更应该勇做中国梦的建设者，切实做到能够精于劳动、勤于劳动、乐于劳动和体悟劳动。

（三）高校思政理论课培养大学生劳动精神的教学方法

高校思政理论课培养大学生的劳动精神，要遵循理论性与实践性相统一，同时也要适应教育信息化的趋势，积极运用网络教学。只有通过理论教学、社会实践、网络教学同向发力、彼此贯通并有效支撑，才能使高校思政理论课发挥出培养大学生劳动精神的最大效能。

1. 理论教学——培养大学生劳动精神

在思政课中运用理论教学，有助于增强大学生尊重劳动、崇尚劳动、热爱劳动的劳动认同感。同时，也可以通过思政课解答大学生对劳动精神知识方面的困惑。由于理论教学侧重理论知识的传授，不少学生认为理论教学形式呆板。为此，一方面，思政课教师要有深度、有温度、有意义地把马克思主义劳动理论讲透彻，把劳动精神的科学内涵讲清楚，把社会主义劳动问题讲明白，清楚回答弘扬劳动精神的重大意义，把独白式课堂转变为交流式课堂；另一方面，要注重劳动价值观的引导。要在理论讲授中着力引导大学生的劳动价值观，在学思践悟中提高思想认识，涵养劳动情怀，弘扬劳动精神，提升劳动境界。总之，就是要做到在"讲理"与"导向"有机结合、交互作用中，提升高校思政理论课培养大学生劳动精神的有效性。

2. 社会实践——培养大学生劳动精神

社会实践是思政课理论教学的重要补充，在思政课中发挥着不可替代的作用，"人们思想的形成、发展、检验，都离不开社会实践，都是由社会实践决定的，思想政治教育必须以社会实践作为教育的基本方法"①。高校通过劳动性的社会实践，引导学生对社会现实生活、劳动生活的广泛参与和体验，引导大学生加入真实的劳动过程中，把其中的体悟落实到今后学习、工作过程中，一方面，可以满足大学生对于劳动专业知识和高精技术的需求；另一方面，有助于大学生形成能负责、敢担当的品格。

开展形式多样的社会实践培养大学生劳动精神，可以通过带领大学生走进学校附近劳动场所，让大学生聆听劳动者叙述生产劳动产品的过程，激发大学生珍惜劳动成果的意识和行为；引导他们将所学的劳动知识和技能运用于劳动实践中，并不断总结、创新；同时，在与劳动者群体接触的过程中，增加了对劳动者的情感，树立以劳动服务、奉献人民的坚定信念。也可以通过引导大学生结合中国共产党精神谱系中的三线精神、铁人精神等深入社区、企事业单位开展参观考察、宣讲调研等活动，逐渐养成良好的劳动行为习惯和艰苦奋斗作风。

3. 网络教学——培养大学生劳动精神

大学生作为"数字化生存"的一代，他们的学习和生活都离不开网络，教师必须要善于利用网络信息技术、多媒体技术和大数据等先进技术，增强思政课培养大学生劳动精神的吸引力和感召力。网络教学是相对于传统的课堂教学而言的，以互联网为基础展开教育教学活动的方法。

（1）网络教学提供了便利的学习机会。网络教学打破了传统高校思政理论课时间和空间的限制，让大学生有了更多的灵活时间参加劳动实践和自主选择学习劳动精神理论知识的机会。如依托慕课、学习强国、雨课堂、在线课堂、翻转课堂、手机课堂、微课堂等方式，为大学生自学、拓展学习劳动精神相关理论知识提供了便利。

（2）网络教学增加了教学的互动性。如利用学校官方网站、官方微博、官方微信公众号等对劳动精神做专题论述，并设置讨论区、在线邮箱等模块引导大学生参与线上交流与讨论，师生、生生之间可以就某个劳动精神知识点或者劳动热点问题即时、随时随地展开讨论。高校思政理论课培养大学生劳动精神，运用理论教学、社会实践、网络教学这三种教学方法并不是分开独立实施的，而是相互配合、彼此支撑的。此外，在实际教学中也不仅仅是局限于这三种教学方法，还应该发掘更多行之有效的学习方法。

---

① 郑永廷. 思想政治教育学原理 ［M］. 北京：高等教育出版社，2018：218.

第三章　　高校思政课的教学评价及其智慧改革

第一节　高校思政课教学评价的主要功能与价值取向

高校思政课评价，是指在运用多种学科，结合多元化的教学分析评价手段，全面深入分析高校思政课教学的现状，通过搜集相关的资料和数据，对高校思政课教学目标、教学内容和教学结果等进行对比，描述其在研究过程中呈现的特点和规律，最后加以客观的归纳和总结的过程。

在社会实践的基础上广泛的开展思政课评价活动，采取多元化的手段和方式，来激发高校大学生学习的积极性和主动性，并且将教学的质量纳入教学评价体系中，确定出具体的指标，这在一定程度上有利于提高大学生的综合素质，促进高校思政课教学评价体系的完善和健全。评价的目的主要是为了促进教育的快速发展，提高高校的管理水平，同时确保高校办学方向保持正确性；推动大学生思想政治理论体系的顺利发展，为教学任务的完成提供有利的条件和环境；提高高校办学的质量和水平，进而培养一支专业胜任能力较强的人才队伍；完善教育监督与管理体制，从而丰富高校思政课的内容，打破传统教育模式的束缚，促进知识和先进理念的传播。

一、高校思政课评价的主要功能

高校思政课作为大学生必修的公共政治课，既是知识课，更是教育课，与一般专业课相比既有共性，也有特殊性。"高校思想政治理论课教学评价是一个多主体相互评价的复杂评价系统。"[①] 思政课在课程设置、教学风格、考核方式、测评重点等方面不同于专业课。高校思政课的评价既要反映教学的一般规律性，也要体现特殊性。思政课所独有的，

---

① 姚晓娜.关于高校思想政治理论课教学评价的若干思考 [J].思想理论教育（上半月综合版），2009（3）：62.

体现课程性质的本质属性是政治性。思政课具有政治性的表现是向大学生灌输马克思主义理论，从而使得大学生能站稳立场、提升素质、增加智慧。因而，思政课是否具有政治性是对其进行评价的前提和基础。

高校思政课评价，一方面，对整个高校思政课教育教学过程起着一种调控作用，为高校思政课目标的确立、内容的确立、方法的选择等提供客观的依据，形成高校思政课建设和发展的外在推动力；另一方面，理性对待高校思政课在不同时期、不同阶段对不同个体、人群或社会的价值，使实效性评价从经验层面上升到理论层面，可以丰富和发展思政教育学科基本理论，从而进一步推进高校思政课教育教学的科学化。

可见，研究高校思政课评价，既是高校思政课建设不断发展的重要动力之一，也是大学生思政教育理论探索具有永恒价值的主题之一。

二、高校思政课评价的价值取向

高校思政课的价值取向是指思政课以马克思主义价值观为依据和前提，在遇到问题时，应该所持有的立场和观点。高校思政课评价是一个不断完善的过程，虽然其形式比较复杂，但是，由于其价值取向跟活动的目标保持相同，因而我们应该以不同的态度来辩证对待。

"高校思想政治理论课是落实立德树人根本任务的关键课程。"① 高校思政课的价值涵盖的内容十分丰富，不仅包括了学生的思想、情感、道德和素质等，而且还牵涉及国家经济、文化和政治等内容；其中也涉及高校的教学目的、教学方式、教学形式、教学结果等。由于之前的评价已经过时，所以，现在的价值取向必须要结合变化了的实际情况，改变之前的评价方式和观点，使其更加符合社会的发展趋势和内在要求。

（一）显性评价改为显隐融合评价

有人可能对课程教育是否内含隐性评价形式提出质疑。就课程本身而言，它当然是显性的教育形式。然而，课程并不是自发生成的，而是需要教师的推动和学生的合作。课程中隐含的评价因素包括思政课教师素养的高低，优秀的思政课教师往往因其人格魅力而吸引学生。同样，学生的学习态度、思考能力以及与教师的配合也会对思政课的质量产生影响。只有当高校思政课评价更加注重显性和隐性融合评价时，才能更好地发挥思政课评价的效用，从内而外地提升思政课的质量。

---

① 曾杰.论高校思想政治理论课教学的历史视野 [J].思想政治教育研究，2022，38（1）：99.

（二）单向评价范式改为交互评价

思政课的教育对象是大学生，大学生自身的理论思维能力较强，属于知识分子的一部分，如果只是一味地评价大学生理论知识掌握情况，不仅削弱了他们学习的积极性，也削弱了他们独立思考的能力。只有实现思政课由单向评价范式向交互评价范式的转换，大学生才能与教师建立一种新的社会关系。这种社会关系正是以前的思政课容易忽略的，以前学生更多地把思政课当成一定阶段的学习任务来完成，现在思政课的价值取向在于通过师生之间的双向交流评价，这既有利于提高大学生学习的主动性，也让教师更加了解学生的实际情况，从而进行有针对性的教学。比如对于不同学院的大学生，要结合具体授课内容形式和专业背景进行评价。

（三）"目标本位"改为"需求本位"

长期以来，我们对思政课教师的要求都是很高的，包括专业能力、教学能力以及科研能力；思政课教师自身的压力也很大，除了来自教学和科研的压力外，还有经济待遇的压力。因此，思政课需要加强队伍建设以防思政课教师队伍的流失，对思政课教师的薪资待遇也应做出明确的规定：和全校其他老师同工同酬；同时注重思政课教师的后续发展，给他们提供更多的培训机会。

对于大学生，思政课的价值取向更加强调要以人为本，也就是大学生应以一种全面的方式，作为一个完整的人，应占有自己全面的本质。促进大学生自由全面发展，促进大学生的精神成长。思政课教师应更加关注大学生切身的现实问题，比如就业、升学等。

第二节　高校思政课教学评价的基本要素与主要类型

一、高校思政课评价的基本要素

明确高校思政课评价目标、找出评价客体、确定评价指标、制定评价标准、确定评价方法、单项评价、综合评价是高校思政课评价的一般步骤。高校思政课评价步骤的顺利完成取决于各构成要素的协调作用。

（一）评价目标

高校思政课评价紧紧围绕着教学目标来进行，并且还结合社会的发展趋势，不断对教学结构进行调整和完善，使其更好地符合新课程改革的要求，提高高校的教学质量。评价目标是评价活动的驱动力，通过对教学体系展开深入研究，从而及时发现其存在的不足，进而制定出合理的措施来加以妥善解决。

1. 评价的根本目标

高校思政课是最能充分体现意识形态的课程，选择什么样的课程内容和学习经验，以及用什么形式对这种课程内容和教育经验进行组织，直接关系到未来课题的研究方向。高校思政课是提高大学生综合素质的主要途径，在结合高校教育现状的基础上，加大对教学质量的监督与考核，从而将所研究的理论跟实践紧密地联系在一起，充分发挥其优势和潜能。高校思政课是提高大学生思想素质的重要方式，同时也是社会主义精神文明建设的有效途径。

高校思政课在课程设置方面必须结合实际情况，必须严格按照国家统一制定的标准来实施。大学生上思政课，目的是为国家培养更多德智体美劳全面发展的人才，并不是单纯地为了完成修满学分的任务。

2. 评价的具体目标

思政课所设定的教学内容、教学目标和教育形式等都必须有统一科学的标准，同时要对思政课学习加强监督力度，将其与学生的考评结论挂钩，只有这样才可以让学生充分地认识到该课程的现实意义和积极作用，进而提高其学习效率。将高校思政课评价作为制定教学目标的主要依据，在实践的基础上分析其实施的可能性和科学性。如果出现问题和不足，要及时提出解决的办法。

（1）在编撰教材时，要结合实际，以马克思主义理论为基础，吸收中国教育最新成果，根据学生的兴趣和偏好选择合适的教材；在教师队伍建设过程中，要选择一支专业胜任能力较强，有思想、有觉悟、创新能力较强的教师人才，通过其对教学内容、教学形式全面了解的情况下，有针对性的选取合适的方法来培养学生。

（2）针对教学而言，必须采取多元化的教学模式和方法，丰富教学内容，不断完善并健全思政课体系，在国内大力推广先进的教学模式和理念，弘扬社会主义核心价值观。

（3）结合学生的心理、思想和情感等，设置科学的教学内容。科学的、与时俱进的教学内容可以让学生在课堂上学到真正的知识，充实自己的知识储备。除此以外，对于学生来说，不仅要能够用成绩来证实自己所掌握的知识，同时还要广泛地参与社会实践活动，从中汲取相关的知识，提高自己的综合素质，培养健全的人格，促进自己全面发展。

（二）评价主体

评价主体，是指负责评价的个人或者群体。区别于实践活动的参与者，被评价的主要人或者群体。评价主体归根到底是想实现评价目标的载体。借鉴马斯洛需求层析相关理论，高校思政课评价主体，包括三大类别七种主体：第三方评价中介机构、大学生（本人、同伴）、社会公众、教育督导、教务处、家长、教师。

1. 权威需求相关的评价主体

教师，同时具有三种属性。面对提高高校思政课质量的要求和压力，教师迫切要求改变陈旧的评价方式，呼吁更加科学合理的评价。作为一线教育工作者，教师是唯一可以深入课堂的专业人员，主导教学活动，并与学生保持着密切的交流，其合法性和影响力必须得到保障。作为教师，上课要更加注重针对性，结合学生的实际情况，包括学生的专业特色、知识结构等。

2. 预期需求相关的评价主体

教育督导和教务处、家长、学生本人等是预期性需求相关评价主体，他们都符合其中两个属性的要求。这些主体的潜在需求呈现出较大的差异性，因而会得到组组者的高度重视，并被寄托一定的希望。然而不管哪种属性，都必须根据其思想、态度和想法，根据属性之间的区别，将其划分为关键需求相关者、从属需求相关者和危险需求相关者。

（1）教育督导和教务处。教育督导和教务处在高校思政课评价体系中占据重要的地位。他们属于关键需求相关者，在一定程度上可以维护该体系的合法性。由于其能够将理论与实践有机的融合在一起，所以，具有较强的综合能力。教育督导作为国家需求的代言人，对国家的发展态度比较了解，可以从整体上对高校思政课评价给予科学的见解。而教务处作为学校重要的领导力量，他们的认同和支持是高校思政课评价理念由"评价为了升学和选拔"到"评价为了学习"再到"评价就是学习"的转变，是提高学生综合素质的必要条件之一。

除此以外，他们也能够全面客观地分析出学生的综合状况，对评价结构进行优化和调整，加强社会监督等，在整个过程中的地位无可替代。

（2）家长。家长是大学教育活动的直接参与者。大学生家长希望能够通过教育提高其子女的综合素质，促使他们全面发展，并将学到的知识转化为社会能力，改善其家庭条件。但是，由于家长参与社会教育活动的身份还没有确定，在教育子女方面跟高校的方式存在分歧，这就在一定程度上大大制约了思政课评价体系功能的发挥。

（3）大学生。高校思政课评价要想体现出真正的效果，就必须让大学生在了解评价、认同评价的基础上支持、参与评价，由被动的评价者转变为主动的参与者。因为大学生本人对自身的现状更为熟知，所以，在分析相关问题的时候，表达的观点更为准确。实际上，自我评价的过程在一定程度上更能促进学生的成长，作为学生，需要增强自身的判断能力，客观公正的进行评价，不要人云亦云。

3. 潜在需求相关的评价主体

第三方评价中介机构、同伴、社会公众属于"潜在需求相关者"，由于其在属性上存在较大的差异，因此，被划分为不同的个体，分别为蛰伏需求相关者、要求需求相关者、或有需求相关者。虽然他们能力不足，能够整合的资源不多，只具有三种属性中的任意一种属性，但是他们的重要性不可忽视，如果其潜力被开发，将会在组织中产生较大的影响。

（1）第三方评价中介机构。第三方评价中介机构是由一批专业胜任能力较强、综合素质较高的专家组成。他们在多年的社会实践过程中，积累了丰富的经验和知识，而且致力于提高中国大学生的综合素质，提高高校的教学质量。由于其跟学校之间是独立的，没有任何委托关系，所以，从法律的角度分析来看，其跟高校思政课之间没有内在联系。对于第三方委托中介机构来说，对该组织机构应该引起高度的重视，由于其属于一个独立的组织，跟政府和高校之间不存在合作的性质，因而无法客观真实地评估学生的综合能力，也无法为高校的管理者提供科学的方案和政策。

（2）同伴。同伴希望通过评价他人进而突出自身的重要性，这样就能够充分地调动其参与活动的主动性和积极性，而且也希望在活动过程中吸引到其他人的注意力。尽管在法律上不承认其具有一定地位，但是，该组织仍存在一定的利用价值。因为同伴可以看出对方的真实情况，所以，评估的结果较为客观。

（3）社会公众。社会公众从法律的角度来看具有其一定的合法性。但是，由于其参与的方式不够主动，自身无法决策，而且其主要目的是提高教学质量和水平，因而社会公众参与高校思政课评价的积极性不高，基本上比较被动，属于或有需求相关者。社会公众评价是以社会部门或民间团体和机构等非政府部门为评价主体，例如社会专门的评价机构、团体等组织，或者是发挥其他组织机构的作用来对该体系进行评价和分析。由于社会公众也是高校思政课评价主体的重要组成部分，所以，能够客观真实地反映出学生的综合现状，确保评价结果的权威性；同时，能够为高校思政课提供一个良好的发展环境。

（三）评价客体

不同的评价关系，产生不同的主客体。评价客体作为客观的存在物，决定了评价主体。评价对象并不是价值客体本身，而是价值客体与价值主体之间存在的价值关系。评价客体不仅包括学生和教师，还包括对教育教学条件的综合评价。

1. 思政课的学生

高校思政课的首要评价客体就是大学生。对大学生的评价包括学习质量和发展水平评价：学习质量评价包括大学生对高校思想政治理论知识的掌握效果评价；发展水平评价主要包括创新能力、实践能力评价，以及大学生思想道德综合素质提高的效果评价，即思政课教育教学对大学生个人与大学生群体的精神价值和综合价值的评价，还有大学生步入社会之后推动社会实践的效果评价等方面。

总而言之，对大学生的评价是关于学习结果的，关于学习行为、状态、方法、社会适应能力、个人特质、知行统一等方面的综合性评价。

2. 思政课的教师

高校思政课教师是其评价的一个重要客体，按照高校思政课对教师的要求，主要是评价教师的能力素质、品德素质和文化素质。其中能力素质是重点，包括三个方面：（1）高校思政课教师教育教学过程（包括教学目标、内容、方法等方面）的完备情况，可以通过迟到、早退、脱课的考核等教学课时完备情况的评价，以及对备课教案、答疑辅导、作业（社会实践报告）批改等教学资料的评价；（2）高校思政课教师教育教学过程的互动情况，是否自由、平等、互动、共生；（3）高校思政课教师教育教学过程的发展情况。

3. 思政课的教育教学条件

教学条件是主要的教学资源，从当前高校思政课着重资源占有到资源使用的转移来看，更加强调对教学条件利用的评价。评价高校思政课对自身占有的物质条件、自然条件、社会条件和媒体条件的合理利用情况。物质条件、自然条件和部分媒体条件指的是高校思政课的硬件设施，含有教材、教学参考书、教学资料费、教学的仪器设备、实践教学基地、教学经费、教学的多媒体配置等，这些硬件设施的评估很容易量化和改进。而社会条件和部分媒体条件，比如政策法规、网络舆论等的评价，其实际利用情况作为评价对象比较难选取评价指标进行客观评价。

（四）评价方法

评价方法，是评价主体采取一定的手段和途径对评价客体进行评价的方式，把握新时期高校思政课评价客体的多元性，是选取适当的评价方法的首要任务，评价方法必须正确反映评价客体。因此，方法是评价的骨骼，支撑和架构起评价的各相关因素，决定评价的质量。

1. 评价方法的内容

在高校思政课评级逐渐走向智能化和可视化的背景下，高校思政课的评价方法不能停留在过去方法的选取上。评价方法贯穿评价活动的始终。针对不同的评价客体，有不同的评价方法。

教师教学质量的评价方法，主要包括：问卷评价法、专家评价法、同行评价法、学生评价法、自我评价法。

学生学习效果的评价方法，主要包括：问卷考试与开卷考试结合法、笔试考核与口试考核结合法、平时作业与期末测验结合法、理论认知与日常行为结合法、课内表现与课外实践结合法。

2. 评价方法的选取

有效的高校思政课的评价方法有三个检验标准：一是看其是否与高校思政课评价的其他要素有机结合；二是看其是否是在有限的资源里的最优选择；三是看其是否实现个体价值与社会价值的统一。

（1）要素结合选取标准。①评价方法与评价目标契合，评价目标决定了选择何种评价方法，评价方法随着评价目标的改变而改变，而评价方法必须要能够正确反映评价目的。②评价方法与评价主体配合，依据评价主体的个人能力和素质的差异，不同主体会选择不同的方法，一般而言评价主体会选择最熟悉的评价方法，不能强行规定，坚持适合原则。③评价方法与评价客体关联，评价方法是评价主体采取一定的手段和途径对评价客体进行评价的方式，把握新时代高校思政课评价客体的多元性，是选取适当的评价方法的首要任务，评价方法也必须要正确反映评价客体。

（2）相对最优化选取标准。实际上，不存在绝对的最优的评价方法，只能是在特定的条件下平衡成本与效率之后选取的相对最优的评价方法。①高校思政课评价方法投入的人力应该合理，有效激发评价主体的积极性与主动性。②评价方法投入的物力应适度，充分利用资源。③在坚持整体与部分辩证关系的前提下实现评价方法中要素的最佳组合，评价方法的要素包括评价涉及到的人力、物力、财力等，在选取合适的评价方法时，要把这些要素均考虑进去。

（3）融合个体价值与集体价值的选取标准。①评价方法的选取直接影响着评价结果，而评价结果在一定程度上反映了个人价值，为了避免单纯地依靠考试分数来定夺评价客体的价值大小，可以不断探索高校思政课科学的评价方法来挖掘个人价值；②高校思政课评价方法在满足个人需要的基础上，还要满足社会的需要，高校思政课本身也具有社会价值。

（五）评价指标

评价指标的抉择是高校思政课评价过程中最重要的一个环节。指标有从达标水平去考察，有从内涵性质去考察，有从指标的精度去考察。无论从哪个角度考察，每个指标都有相应的权重和层级，由相应标准确立。

1. 评价指标的级别

评价指标是评价目标的具体体现，评价指标规定着评价目标能否具有实际意义。高校思政课评价指标不带有主观性，在实际操作中容易混淆评价客体与评价指标的概念，一个评价客体往往蕴含多个不同的评价指标，设置这些不同的评价指标的最终目的在于落实对客体科学的评价，利用评价指标的形式将评价客体的特征反映出来。有时也可能存在同样的指标出现在不同的评价客体身上，这是由不同评价客体的共性所决定的。评价客体本质上是一种对价值关系的评价，回应的是"评价谁"的问题；评价指标则是对这些对象的具体化。高校思政课评价指标的选取范围广泛，但从可操作性和评价成本可控的角度出发，把评价指标划分为一级指标、二级指标和三级指标，然后又再各自划分为核心指标、关联指标和外围指标。

2. 评价指标的标准

具体的评价指标规范了评价的具体维度，而评价标准指明这个维度的程度，评价标准是判断评价客体在具体的某个评价指标的有无、达成程度。高校思政课的评价指标只有选取越得当，评价指标达到的标准越高，这样的思政课才越加有水平。在评价分析中，可以对某个高校思政课的评价指标进行划分，每一个指标所指向的评价标准是不一样的，在学校内部进行不同种类指标的比较之后，找到短板（相对而言指标离标准相差较远的项），扬长避短，补齐短板；也可以就同一个评价指标规定，采用同一个标准，分析不同高校这一指标的总体情况，找准改进的目标。

评价标准不是固定不变的，而应是根据所处的现实环境而相机调整。思考当下学生、教师、社会的需求，以满足该需求的程度为评价标准。值得注意的是，学生、教师的需要可能带有个人主义色彩，尤应以大多数人的需要为前提，坚持集体主义，少数服从多数。这个需要就是思政教育的目标。因而，思政课评价标准与思政教育的建设标准关系紧密联系。

对于不同的评价指标，评价的标准不同，而达到具体标准的程度也不同，这时便需要用标度作区分才能完成评价。评价主体与评价标度紧密相关，针对同一个评价指标，评价标度可能会因为评价主体不同而不同，所以，有必要对评价标度进行严格的区分。具有包括：（1）描述式，比如很赞同（5分）、同意（4分）、基本同意（3分）、不同意（1分）；很适宜（5分）、适宜（4分）、基本适宜（3分）、不适宜（1分）。（2）等级式，比如优秀（5分）、良好（4分）、中等（3分）、差（1分），每一个评价主体都会有不同的等级进行评价。（3）数量式，主要是指传统的百分制，依据答卷情况得出相应的成绩。

此外，还有定义式和综合式等方式，针对具体的评价指标和标准，灵活采用不同的标度。在此基础上，按照权重分配，代入各项指标的实际评分即可构成高校思政课的评价指标体系。

二、高校思政课评价的主要类型

（一）目标与需求评价

目标评价和需求评价是采用两种不同依据进行的评价，针对同样的高校思政课评价客体，分别以目标和需求为依据，两种评价可能产生截然不同的结果。

1. 目标评价

目标评价，通常指对高校思政课目标的实现程度进行分析。所以，这类评价必须要对目标进行全面客观的描述。换言之，高校思政课目标评价指的是在高校思政课程体系所设计的目标基础上，对教学结果进行客观评价的过程。具体而言，高校思政课的主要包括：

（1）是否建设成了一支专业胜任能力较强、有思想、有觉悟、创新能力较强的教师人才队伍，是否通过其对教学内容和教学形式进行全面了解的情况下，针对性的选取合适的方法来培养学生。

（2）是否采取多元化的教学模式和方法，教学内容是否丰富，尤其是在国内是否大力推广先进的教学模式和理念，比如弘扬社会主义核心价值观。

（3）是否结合学生的心理、思想和情感等，设置科学的教学内容，让学生在课堂上学到真正的知识。

（4）学生是否能够在取得优秀的思政课成绩的同时，还要广泛地参与社会实践活动来证实自己所掌握的知识，从而判断学生是否形成健全的人格。

（5）是否以马克思主义理论为基础，吸收中国教育最新成果，根据学生的兴趣和偏好编撰或选择合适的教材等。

目标评价在课程评价体系中具有较强的实践性，特点是重点突出，设定的标准比较明确。但与此同时也存在一些弊端和不足，那就是对目标过分重视，导致评价的结果不够客观、真实；除此以外，目标评价对评价的结果过于重视，以至忽视了客体需求。

2. 需求评价

需求评价，是指高校思政课摆脱预定目标，按照课程计划或者教育活动来确定评价的主体和对象，从而得出客观、真实的结构。高校思想政治工作要以学生的需求为重点，在高校思政课的评价中需要强调需求评价。同时，由于现行高校思政课目标评价中存在较多的问题和不足，因而需要打破原有评价的束缚，将课程计划落实到实践中，以期满足学生的综合需求。需求评价实质上就是目标游离的评价。

在高校思政课中，不仅要注重学生思想水平、政治觉悟、道德品质和文化素养提升的需求，也要注重高校思政课教师政治素质、马克思主义理论水平、道德素质、科学文化素养和表达能力提升的需求，还应关注高校思政课为满足师生教学的物质条件的需求。需求评价模式有待进一步健全和完善，其定义还比较模糊，组织结构尚需进行调整和改进。但是，需求评价属于一项指导评价，它对课程计划的独立性具有重要作用，通过对考察结果进行全面系统的分析，可以判断预定目标的价值，这些都有利于提高教学质量，并且为后期的评价提供有利的条件。

（二）效果与内在评价

效果评价与内在评价存在较大的差异性，两者所代表的价值观也不同。效果评价与内在评价，所关注的侧重点有较大的区别，具体体现在结果和过程上，两者各有优劣。科学的课程评价体系应当与实践活动有机的融合在一起。

1. 效果评价

效果评价，是指对高校思政课主体和客体的现状进行全面细致的评价过程，主要是将课程实施之后的结果与实施之前进行对比和分析，从而掌握教学的发展方向和趋势，排除外界各种因素的干扰等。因此，效果评价侧重于最终的结果。这种不在乎过程变化并且在输入以及输出方面存在较大差异的评价也称为"暗箱式评价"。高校思政课在实施之前与实施之后，其效果不同于其他课程那么显而易见，比如英语课学完后可以通过记单词的数量效果进行评价、数学课学完后可以通过解题正确率效果进行评价。而高校思政课的效果很难量化，因为它是致力于人的内在思想教化的课程，并且还具有意识形态性，人们往往很难短期内评价一个人的思想道德素质提升的效果。

进行高校思政课效果评价，依赖于在长期的实践当中去检验，大学生和高校思政课教师在长期的生活实践中不发表消极言论、不做危害社会生活的行为，说明高校思政课基本达到预期效果。在此基础上，积极主动参与到实现中华民族伟大复兴的中国梦的实践中，表明高校思政课的效果较为理想。

2. 内在评价

所谓内在评价，在忽视课程计划结果的同时，全面系统地分析高校思政课课程计划，从而制定科学的课程计划。对于高校思政课课程计划的分析，往往是基于已有的马克思主义基本原理和师生的实践经验进行。在进行内在评价时，要注意以下三点：

（1）需要分析高校思政课若干课程整体内容是否具有有效性，每一门课的内容是否与师生思想道德行为的发展相契合。

（2）需要分析大学生学习高校思政课的能力和教师教授该课程的能力，高校思政课看似容易学容易教，但要学好和教好往往需要扎实的马克思主义理论功底和结合实际的运用能力。

（3）需要分析高校思政课教学的经验，主要包括坚持马克思主义理论的指导并在实践中改进理论教学的方法，牢记立德树人是社会主义教育的中心环节。

高校思政课的效果，不是内在评价的重点，但也是值得关注的内容。需要强调的是，对于内在评价来说，只有对课程计划进行科学的规划，才能从根本上提高教学质量和水平。

（三）过程性与总结性评价

过程性评价和总结性评价表面上没有较大的差异，两者都是为了对某个主体的价值进行判断和分析，因而在研究过程中必须使用相同的评价办法。

1. 过程性评价

过程性评价，是通过诊断教育方案或计划、教育过程或活动中存在的问题，为正在进行的教育活动提供反馈信息，以提高正在进行的教育活动质量的评价。过程性评价的主要目的，是为了将各种资源和信息集中在一起，并对相关的体系进行完善和补充。过程性评价主要是指对课程的整个过程进行分析和评价。因此，过程性评价的概念在被提出之后，就在社会上得到了较多人的支持和认同。人们概括出过程性评价的特点和规律，而且还对其展开了深入的探讨；它对计划的各个要素高度重视，而且在考核过程中还反复的分析；它所使用的测量方式呈现出多元化的发展特点，同时还制定了标准化和非标准化的评价指标。

从高校未来发展的角度看，我国必须在高校思政课的评价体系中进行系统的研究。只有这样才能从根本上解决该体系存在的问题和不足，提高教学水平。过程性评价强调评价的功能，主要是为了促进学生的全面发展。高校内部自行组织的评价，实质上就是一种过程性评价，以确保高校教育教学高质量发展。

2. 总结性评价

总结性评价，是在课程完结之后进行评价的过程。通常情况下，由政府和社会组织所开展的高校思政课外部评价多属于总结性评价，其对教学评价结果高度重视，而且还进行明确具体的划分，主要是在搜集相关资料和数据的基础上，对课程计划进行分析和研究，从而将课程计划进行对比。最后选择出适合学生学习的思政课；对于表现优秀的学生，高校应该给予相关的奖励，从而更好地提高高校思政课的教学效果和质量。针对评价结果呈现出的主观随意性和盲目性，必须对课程计划作出整体的分析和判断。针对其存在的问题和不足，提出科学的意见和措施。总结性评价能够让教师、学生更加全面的认识到自身的状况，当课程计划调整时，需要对其动态进行评价和分析。只有在评价过程中纳入实践活动，才可以分析评价的结果是否科学、合理。把过程性评价与总结性评价有机的联系在一起，能够体现出过程性评价的意义和价值。与此同时，专家们也强调，总结性评价的功能需要引起关注。

与过程性评价和总结性评价相关的还有一种评价类型，即诊断性评价。思政课诊断性评价是指在课程实施以前，相关部门对该课程的一个预判，是一种基于实践经验和理论总结的评价。思政课实施之前就设想拟定目标实现的可能性，可以有效减少在实施过程中可能遇到的问题，其目的在于使计划或活动的安排具有针对性。诊断性评价、过程性评价、总结性评价作为达成预定教育目标的基本手段，在学生学习的不同时段施行，以促进预定行为目标的达成。

（四）课堂教学、实践教学与网络教学评价

高校思政课的教学如同部分理工科的课程一样，不仅包括课堂教学，还强调实践教学，更加注重理论与实践的结合，因而需要加入实践教学评价。随着新媒体技术的不断加强，为保障党在意识形态领域的发言权，敦促大学生养成科学的三观，也兴起了高校思政课的网络教学，这当中也不可缺少对其进行评价。

1. 课堂教学评价

从学生的角度来看，高校思政课课堂教学的评价侧重于对学生理论知识掌握的评价，

属于显性评价。传统的课堂教学评价着重对学生掌握理论知识水平的评价，实际评价活动中，主要评价课堂教学，比如试卷考试、论文考核等。为进一步夯实课程教学评价，除了对四门必修课进行评价，类似于"形式与政策""当代世界经济与政治"等各个高校单独设立的选修课的评价也不能忽略。课堂教学评价重在评价教学内容上看是否教学重点、难点突出，教学方法和教学手段是否多样灵活、与时俱进。评选国家级、省级或校级的精品课程和优质课程，能极大的起到示范作用。

2. 实践教学评价

高校思政课应该站在不同的角度，以学生的需求为出发点，将所学的知识付诸实践活动中，促进学生实现全面发展。学校、社区为实践提供了较好的教学基地，思政课实践教学的内容和形式表现为社会公益、社区贡献、医疗护理、学校教育和远程编程等志愿活动。评价的目的是让学生在参与这些活动的过程中培养一种社会责任感，在自己能力范围内贡献社会，而不是为了学分或者某种功利性目的参与这项活动。针对义工服务活动的评价，可以根据大学生参与的时间长度和跨度来评判。例如，可以通过高校思政课，让更多学生关注国内的中国青年志愿者协会、中国志愿服务联合会、国际青旅义工项目，国外的国际经济学商学学生联合会（AIESEC）、香港乐施会等机构进行报名参与，结合学生的实践情况纳入评价体系当中。

3. 网络教学评价

随着"互联网+"的兴起，高校思政课不再局限于在特定的时间在高校里进行教学，网络打破了时间和空间的双重限制，中国大学 MOOC（慕课）、微课、国家精品课程等平台为高校大学生提供了学习的机会。四门必修课也逐渐走上这些新兴平台，呈现在受教育者面前的是简短而精湛的微课堂，实现了资源最大限度的共享。任何人都可以选择心仪的某个学校的课程，同样，任何人也可以评价某个高校的课程。只要按时完成网络课程的安排，通过课程的考核，高校也可以为个人颁发结业证书。

第三节　高校思政课教学的智慧评价及其改革措施

科技变革和现代信息技术的发展，引发高校思政课评价方式的创新。为更好地发挥高校思政课评价激励、引导、促进和检验的功能，智慧评价方式为其提供了新的思路和方向。

一、高校思政课教学的智慧评价方式分析

（一）高校思政课智慧评价的特征

高校思政课旨在通过评价激励学生主动学习与促进自觉主体生成，探索智慧评价方式对于更新评价理念、创新评价方法和提升评价价值具有重要的现实意义。高校思政课智慧评价方式表现出一系列的新特征，其基本特征主要有评价方法精准化、评价手段信息化、评价证据全息性、评价内容个性化的特点。

1. 评价维度多元化

多元化是高校思政课智慧评价方式的一个最鲜明的特征。其中表现为评价主体、评价对象的多元化。传统高校思政课评价方式更多是以教师对学生进行的一种单向度评价，多采用"他评"的评价方式，而高校思政课智慧评价方式是借助大数据、云计算等新一代信息技术实现多维度的立体化评价。高校思政课智慧评价方式不仅包括他评，还包括自评、他评、互评、第三方评价等多元化的评价方式。基于信息化技术的交互性和个性化特点，评价活动都在信息化评价系统内进行，系统根据每个学生的个性特点和兴趣爱好推送相应的学习资源，为改进高校思政课教学提供科学依据。

智慧评价系统还会全面、动态和实时的跟踪高校思政课的整个学习过程，保证评价对象的全覆盖，持续性追踪评价对象的发展情况。在高校思政课传统评价中，学生往往作为教育教学评价的对象，教师依据一定的标准，采取一定的方法和工具对学生进行评价，评价活动都是以教师为主的单向度评价，且评价对象较为单一。智慧评价方式则为学生的多重角色扮演提供了机会，学生不仅可以作为评价对象还可以作为评价主体对自己的学习表现、学习成果、学习态度，以及学习方法做出自我评价，同时也可以对其他同学和教师做出评价。高校思政课智慧评价方式内容立足于课程标准，围绕高校思政课程标准要求构建智慧评价指标体系，其中的各项标准都是各项目标的细化，分层次、多维度和多方面的展开评价，有关于学生理论知识、实践能力、思想素养、道德品质、辩证思维能力、分析判断能力、问题解决能力等多项内容，将这些具体评价内容细化为若干具体指标，体现了评价内容多元化。

2. 评价方法精准化

高校思政课智慧评价是一种发展性评价方式，关注共性的同时重视个性发展，重视大学生个性特征的发展和个性潜质的挖掘，是"以人为本"教育价值理念的回归。高校思政

课传统评价更多是重视大学生发展的共性，关于大学生个性发展重视程度不够，因各种条件限制不易于深度挖掘和激发个体的潜能。智慧评价方式精准定位大学生各方面的发展水平，利用精准化的评价方法激发个体潜能。

（1）智慧评价方式，利用先进信息技术持续、动态分析和考察每个大学生在理论知识、思想素质、合作探究能力、知识应用能力、互动表达能力等方面的表现情况，从而建立个人的发展数据库，形成个性化的可视化报告，为大学生长远发展和职业生涯规划指导提供重要依据。

（2）智慧评价系统，开展个性特征分析和价值判断，不仅为个体的发展做出预测、预警和决策，还提供适应于每个个体认知结构、学习特点、学习爱好、学习进度的方案计划，增强了个性化的指导。同时，思政课教师根据智慧评价系统形成的评价报告全方位了解大学生发展情况和发展趋势，这为教师调整教学进度、改善教学方法提供了参考依据。得益于全向交互、互联互通、情景感知、深度学习等信息技术的发展，全面覆盖、追踪、监测、感知和记录每个个体的发展情况，充分实现了教育关注个性发展的目标，彰显了高校思政课智慧评价方式的精准化特征。

3. 评价手段信息化

高校思政课智慧评价方式是借助智能化信息技术，分析和考察大学生综合素质和综合能力的一种新评价范式。

（1）大数据、人工智能等新一代信息技术的发展为教育评价实现人机协同提供了技术支持。高校思政课智慧评价方式离不开信息技术的支撑和保障。"靠数据说话"是智慧评价方式的重要指导思想，借助信息技术实现了高校思政课教学过程的全方位、多维度的数据采集、存储和分析，并通过智慧评价模型分析、可视化技术的呈现、可视化评价报告形成提高了评价效能，提高了评价的科学化、智能化和可持续化。同时，智慧评价方式通过建立个体成长数据库，不仅可以采集大学生在校期间的整个思政课学习情况数据，还可以持续性追踪毕业后、入职后的发展情况数据，满足了大学生动态发展的需求。

（2）智慧评价手段的信息化还表现在评价过程的信息技术的应用。高校思政课信息化教学是教育现代化、信息化发展的必然选择，是强化高校思政课教学实效、提高教学质量的关键环节。信息技术的发展为优化高校思政课评价提供了载体和平台，依托大数据、云计算等新一代信息技术工具，实现数据的自动采集、集中存储、智能化处理分析、可视化评价反馈，是以多种信息化技术为手段的深度与广度、动态与持续相结合的多维联动评价方法，彰显了评价手段信息化的特点。

4. 评价证据全息性

评价证据的全息性，指的就是评价所基于的证据具有这样的全息特征。高校思政课是体现中国特色社会主义大学本质特征的课程，以马克思主义理论教育为重要任务，具有鲜明的意识形态性，因而其评价过程较其他课程而言更具复杂性。其评价标准与其他课程评价标准有所区别，理工科专业课多以客观知识和专业技能为评价标准，而高校思政课评价除了考查理论知识内容以外，还考查学生的日常表现，强化高校思政课对于大学生人生发展的价值引领作用，引导大学生形成良好的思想品德和自觉运用马克思主义的立场、观点和方法去解决问题、思考问题。据此，高校思政课评价因其特殊性和复杂性，需要在全息性的评价数据基础上进行分析和判断。

高校思政课智慧评价方式强调评价证据的全息性，全息性并不等于全部的数据，全息性坚持以局部反映整体的数据思维，采集的是反映评价对象综合发展水平的数据。评价证据的全息性特征主要表现在如下三个方面：

（1）评价数据的全息性。评价数据涉及各个领域，包括高校思政课学习的线上和线下、课内和课外、校内和校外等各个领域的数据采集。

（2）评价内容的全息性。评价数据涵盖学生纵向横向发展方面，包含学生理论学习、思想素养、道德品质、实践能力、合作能力、解决问题能力、辩证思维能力等方面的评价数据。

（3）评价过程的全息性。利用全面感知技术、人工智能技术、大数据技术动态实时感知和监测整个高校思政课学习过程，收集各个时段的发展数据，彰显了评价证据全息性特征。

（二）高校思政课智慧评价方式的运行机制

高校思政课智慧评价方式内在包含着数据采集、数据处理分析、数据呈现与反馈等复杂的要素和环节，每一个要素环节的组合、协调和分配方式体现在整体的运行机制当中。其内在运行机制按照设计高校思政课智慧评价方式方案、制定高校思政课智慧评价方式标准、研发高校思政课智慧评价方式系统平台以及建立高校思政课智慧评价方式预警与反馈机制的思路来分步实现。

1. 方案与标准

（1）设计高校思政课智慧评价方式的方案。设计高校思政课智慧评价方式的方案，就是要确定核心要素、评价流程和评价目标等。核心要素就是确定高校思政课智慧评价方式的评价理念、评价主体、评价手段、评价依据、评价对象几项核心要素。立足于高校思政课程标准，以"促进人的智慧发展"为核心评价理念，思政课教师、专家和技术人员依托于计算机统计技术、大数据技术和物联网技术，以构建高校思政课智慧评价方式标准为依据，以智慧评价系统为平台，以可视化表征和图像表征方式呈现评价结果。在这个过程中，从学生层面考察马克思主义基本理论知识、理论联系实践能力、价值判断能力、逻辑思维能力、思想素质和道德品质等方面的进步程度，激发学生的潜能，帮助大学生塑造良好的品格。通过学生的现实表现和发展水平促进教师反思教学，从而促使教师自觉完善教学方法和优化教学策略，更好推动高校思政课高质量建设和发展。

高校思政课智慧评价方式流程，包括评价数据的自动采集、数据集中存储、数据的智能化分类、归纳和处理、可视化评价报告反馈等操作步骤，设计高校思政课智慧评价方案就是对整个评价环节的具体实施要求、工作步骤进行筹划和安排。高校思政课智慧评价方式旨在充分发挥评价促进、改进、激励和引导等功能，推动实现精准化、科学化、多元化和智能化的评价，从而实现人的全面发展和创新型、智慧型的人才培养目标。通过智慧评价方式促使学生自觉地学习马克思主义理论相关知识，并且学会运用马克思主义理论知识辩证思考社会问题与时代发展问题，从而构建起新的知识结构，形成良好的思想品德和思想素质。

（2）制定高校思政课智慧评价方式的标准。科学的评价总是按照一定的标准基于事实作出价值判断。指标是围绕研究问题而确定的具体评价标准，而制定高校思政课智慧评价方式标准是开展评价的依据和前提，是开展评价数据采集、评价数据处理分析、评价数据呈现反馈等环节的根本遵循。评价指标体系科学与否，直接关系到评价结果的客观和可靠。需要立足于立得树人这一中心环节，构建起高校思政课智慧评价方式标准，并在大量实证数据基础上不断修正、检验和完善，以科学的评价标准指导评价活动，从而以评价促进教学，提升高校思政课的吸引力和感染力。

第一，以高校思政课程标准为主要参考依据，明确宏观的目标要求，再具体细化成若干个具体的目标，涵盖学生"知、信、行"等方面，关注学生日常表现和过程性变化。

第二，高校思政课智慧评价方式预指标的确认，指标的确定通过实证调查研究、专家访谈、实践经验总结等进行预设计，在实证调查研究的基础上对数据进行收集整理，确保指标确立涵盖学生课程学习、教师教学过程、教学组织管理等方面，以及互评、自评、他评和机评等评价标准的确立。例如，从学生理论知识、实践活动、情感价值等方面进行考量，考查学生的思想道德素质、能力发展素质、专业技能素质、学习态度和学习效果等模块，每个模块下面又分若干个观测点。

第三，高校思政课智慧评价方式预指标的信度、效度初步检验，运用专业的指标分析软件对指标进行因子分析、指标的信度、效度检验、指标的降维和完善，经反复论证形成完整的高校思政课智慧评价方式指标体系，以此作为分析评判的重要评价依据。

2. 数据采集平台

教育评价数据的采集是开展高校思政课智慧评价方式的重要环节之一。尤其是随着信息技术的飞速发展，教育评价的思维逐渐由经验思维向着大数据思维转变，工具理性和人的智慧相结合以促进良好的教育评价生态系统循环，为高校思政课评价改革指明了新的方向和思路。传统性的教育评价数据采集方法和路径，难以满足智能化信息技术赋能的教育评价改革要求，因此，需要开发多元化、动态化的评价数据采集技术和工具，以克服高校思政课传统评价数据采集方式单一化、简单化和静态化的现实困境。

（1）开发多元化的高校思政课数据采集技术。数据证据是开展教育评价的首要环节。现代信息技术赋能的高校思政课智慧评价方式通过研发智能化数据采集技术，实现对教学过程全方位、全过程和全面化的数据记录，为教师开展评价提供了技术工具支持。

第一，研发智能感知数据采集技术。充分利用好各类传感器技术、射频识别技术等装置研发专业化的教育评价数据采集技术，采集大学生或教师在课程学习中的静态数据、过程数据以及生物数据等，如包括大学生学习中的心率、反应力、注意力、记忆力和判断力等数据。利用物联网智能感知和识别整个课程学习过程，真正实现数据的全领域获取、无缝连接、智能接入和汇聚、开放共享，从而丰富数据采集来源和渠道。

第二，研发音视频检索技术。音视频检索技术是根据音频和视频结构的特点，通过图像处理、图像理解和模式识别等技术对音频和视频内容进行处理和理解，从而使思政课教师和专家能够根据评价需要进行内容检索。高校思政课学习本身包含着丰富的形式，这些丰富的形式包括如音频和视频难以捕捉到的非结构性数据，教师通过音频和视频方式收集关于实践汇报、演讲、讲课比赛和汇报等数据，音视频技术按照一定标准来进行高精准描述，可以方便教师或教育主管部门快速、准确地筛查大学生某一方面的数据，如同检索文本信息那样方便，大大提高了评价数据的检索效率，也同样增强了对音频和视频这样非结构化数据的处理效率。

第三，研发自然语言处理技术。该技术旨在实现人类运用自然语言形式实现与计算机系统的人机交互，包含有语言计算、语言资源建设、信息检索、文本分类等内容，运用自然语言处理技术就可以对高校思政课学习的主观题以及语音应答等难题进行高效和正确的处理，能够有效支撑高校思政课整个教学过程的数据动态实时采集，构建生成性数据采集生态系统，有效支撑起高校思政课智慧评价方式的数据来源。

（2）建立动态化的高校思政课智慧评价方式信息数据采集平台。全面和海量的数据库是智慧评价方式的鲜明特征，也是影响评价结果科学性、精准性和客观性的重要因素。建立高校思政课智慧评价方式的数据信息采集管理平台，平台内采取统一的教育评价数据规则，实现数据之间的统一和规范，以实现整体化和全息性数据采集功能。

第一，平台内通过移动设备、无感知设备、可穿戴设备等多种终端设备，可对整个高校思政课学习过程进行动态实时的数据采集。采集范围包括课内和课外、线上和线下等。从个体层面平台通过采集到的全息个体数据建立立体化、个性化、全方位的智慧画像；从群体层面平台通过采集到的各类评价对象数据进行阶段性存储、汇聚，为后期全面分析整体教学质量提供数据基础。

第二，平台内借助全面感知技术、云计算技术实现线下教学过程包括听课状态、回答问题、情绪和演讲汇报等活动数据的分级分类采集，根据每个评价对象在线上学习、线上作答、线上阅览进度等数据进行上报，追踪整个高校思政课的学习过程。

第三，平台内开展实时的线上网络问卷填答和计算机测试。以确保快速、准确、实时和有效的收集到每一堂课的数据信息，教师还可以根据当下的时事热点在平台上发布相应的问题，大学生根据智能设备和终端进行作答，减少了因笔纸测试、面对面作答这种低效的方式，教师可以快速、实时、方便了解大学生的思想动态。同时还应根据平台采集到的各级各类数据信息建立信息大数据库，通过建立统一的数据接口、制定统一的数据标准、完善相应的数据安全防护措施以连接和集中各年级、各个学校的数据，避免一个个数据信息孤岛。

3. 数据记录存储平台

通过研发智能化的数据存储记录工具，为整个高校思政课教学过程的庞大数据集中记录和存储提供了可能。

（1）研发全息数据的"云"记录存储平台。该平台具有统一规范的评价数据治理规则，可以保证数据记录的统一和规范，还提高了大量的结构性数据和非结构性数据的存储空间和容纳范围。高校思政课教学过程中产生的课堂问答、论文小测试、平时考核、演讲汇报、网络课程学习以及课外实践等纵向和横向数据通过该平台存储到云端，防止评价数据的丢失，拓展了集中存储的空间，更重要的是教师可根据教学评价分析的需要快速查找和调取所需的数据，可追溯性强，节省了大量的时间和精力。

（2）研发以区块链技术为核心的评价数据记录和存储平台。在该平台上利用区块链技术的优势，支持高校思政课各类数据的开放与安全并存的纪录，对于多维时空、多领域产生的评价数据信息实现分布式、跨平台、融合化的数据存储，从而提高高校思政课评价数据信息存储记录效率。

（3）研发依托于云存储的数据存储技术。高校思政课智慧评价方式服务于全体大学生和教师，为每个大学生建立专门的成长数据库和个人档案，其中包含大规模的结构性和非结构性的数据，需要借助专业化、升级版的数据存储技术，云存储可以实现大规模数据存储和管理的自动化和智能化，自动整合和分配数据，减少了存储空间的浪费，提高了存储空间的利用率。同时还研发基于深度学习的数据分类技术，通过升级多种数据分类方法，从多个参数角度和网络构型上对数据实现精准化的标注，从而提高评价数据的分类效率。

4. 数据分析与挖掘平台

教育评价数据的分析和挖掘是教育评价结果输出以及发掘数据价值的核心环节。高校思政课传统评价数据分析因技术工具的有限和简单，数据的分析往往利用传统的 Excel 表格、教学系统或人工统计等分析方式进行平均分、及格率以及低分率等简单计算和分析。通过这种教育评价数据分析方式只是对数据的简单分析和简要计算，还未涉及数据的深入挖掘和深层次分析，因此，迫切需要研发高精准的高校思政课智慧评价方式数据分析与挖掘技术。

（1）建立精准化的高校思政课智慧评价方式信息清理和分析平台。高校思政课传统评价数据分析和处理方式因技术工具的限制，依托于人工统计分析和 Excel 表格统计分析不仅耗时费力，而且在面对庞大的数据时还可能会导致数据录入出现计算错误、失真、遗漏等问题。传统的处理分析方式难以满足教育信息化的发展要求，迫切需要构建精准化的高校思政课智慧评价方式信息清理和分析平台，以实现对于教育评价数据的精准处理和智能化分析。信息清理平台是根据收集到的海量数据从底层到高层提取评价数据特征，已实现对数据系统化、全面化的分析。通过数据信息采集平台收集到关于高校思政课整个学习过程的数据是具有多个维度和多个层次的，数据清理系统根据评价者的要求对这些分层的数据进行自动化清理，剔除掉部分数据，从而提取更加有价值的数据，该系统包含有数据逻辑判断技术、缺失值处理技术等先进技术，可以科学高效地处理多种类型的数据，保证了数据的真实、科学和有效。

（2）开发深度的高校思政课智慧评价方式数据分析与挖掘技术。数据分析和挖掘技术作为高校思政课智慧评价方式的关键核心技术，关系着评价结果的质量。研发数据分析和挖掘技术，可以深入分析数据资源，探索数据背后深层次的价值和意义，为提供精准的教育教学指导和克服高校思政课传统评价数据分析方式单一、深度不够以及精准性不强等现实困境问题提供了重要的技术支持。

第一，研发依托于人工智能和大数据的数据分析与挖掘技术。高校思政课的学习过程伴随着大量数据的产生，为从这些海量数据中提取有用的信息，利用大数据分析技术、深度学习技术和学习分析等技术对数据实现自动化的处理，既能分析学生的行为表现和思想动态，揭示学生发展的共性和个性，还能发掘个体和群体的优势潜能和个性潜质，预测学生未来的发展趋势。

第二，需要研发一项含项目反应理论、描述性分析、主成分和因子分析以及聚类分析等多种数据分析方法的技术。根据不同的数据类型和评价者要求，灵活运用数据分析方法，呈现学生在高校思政课学习过程中的智慧画像。

第三，研发基于智能模型的预测性分析技术和探索性分析技术。预测性分析技术是指通过建立关于某个变量的预测模型，运用分类、回归和潜在知识评估等预测手段进行模型分析和预测未来的走势，包括对学习者学习行为的预测、学业成就的预测和学习数据的预测等。探索性分析技术则是通过建立多种模型如差异检验模型、结构方程模型、潜在类别分析模型以及多层线性模型，实现对评价数据的深层次分析和挖掘。这些模型通过分析多层次变量的交互性和关联性，揭示数据之间的内在规律，挖掘出数据背后深层次价值和潜在意义，增强评价结果的合理性、科学性和客观性。

5. 数据结果呈现与反馈平台

评价结果呈现与反馈是高校思政课评价的重要环节之一。目前高校思政课评价数据反馈大多是以符号、表格、数字等方式呈现，学生通过这种方式只能大致了解总体的发展情况，而不能细致了解各方面的发展情况，而智能化信息技术赋能的智慧评价方式采用动画、视频、图像等形式立体化、可视化地呈现高校思政课学习过程中各方面的发展趋势，有利于全面系统地理解评价结果。

（1）研发创新型的高校思政课智慧评价方式数据呈现与反馈技术。高校思政课传统评价结果多以数据、符号、表格等方式呈现，新时代提出了教育评价改革的新要求，其中丰富评价结果的呈现方式是智慧评价方式的重要特征之一，通过开发可视化呈现技术，使评价者可以从多个维度观察数据，对数据进行更深入的理解和认识，为评价者创造了一个交互性和灵敏性的可视化环境。学生、家长、教师和其他管理者还可以结合自身的需求，有针对性地选择使用图像、曲线、二维图像、三维动画等方式来显示结果。

第一，研发具有交互性、多维度和立体化等特征的可视化呈现技术。可视化技术就是通过对数据处理以形成数据图像，研发数据可视化技术通过表达和建模展示评价结果，使数据解释直观、明了，能大幅提高数据图像的处理效率。

第二，研发智能化的数据反馈技术。依托于人工智能的发展和成熟，引入人工智能与在线系统，通过神经网络处理直接转换为语音、电子邮件、图表等多种形式反馈给相应的教育管理者、教师和家长。大力推进内容反馈、协同过滤反馈以及关联规则反馈等技术自动生成反馈结果，从而提高数据的反馈速率，丰富评价结果的反馈方式。

（2）搭建可视化的高校思政课智慧评价方式结果反馈平台。智慧评价方式的最大功能就是促进发展，其中反馈作为促进改进的必不可少环节，在整个高校思政课智慧评价方式中发挥着重要的作用。评价反馈平台根据高校思政课教师、大学生、学校、教育行政部门、教研室等不同的评价反馈需求，为大学生的发展情况、教学管理提供建议和预警，以促进改进。

一方面，高校思政课智慧评价方式结果反馈平台可以实现个体和群体两个层面的结果反馈，在个体层面基于"个性化预警平台"的算法分析基础上实现智能化、科学化和高效性的数据反馈报告生成，建立个性化的评价反馈机制。群体层面根据班级、年级、学校等各个整体收集的大学生数据进行自动化分析，诊断整体性存在的问题，呈现基本趋势和数据之间的关联性，相关的评价结果会自动反馈和推送给教师，为改进高校思政课教学，提升教学策略提供重要参考依据。

另一方面，高校思政课智慧评价方式反馈平台具有实时性过程反馈和结论性报告反馈两种类型，实时性反馈即是在高校思政课教学过程中平台根据动态实时采集的数据自动建立自适应反馈机制，该机制是伴随着动态数据采集自动生成的，不仅具有高效性，更具有动态实时性。结论性报告是根据每个阶段的表现情况形成可视化的评价反馈报告，从而有效服务于高校思政课教学、大学生人生发展和职业生涯规划等方面。

6. 数据风险防控平台

高校思政课智慧评价方式内在包含着数据自动采集、智能分析和反馈，以生成相应的可视化反馈报告，整个过程涉及大量数据的产生，同时也可能出现评价数据信息缺失、信用缺失等数据安全问题。如何预防信息泄露以及避免信息信用缺失，这就需要研发专业化的风险防控技术，以保障评价数据安全。

（1）研发基础风险管控技术。包括评价数据采集、存储、处理和分析等环节的安全防控，通过感知系统、防火墙、防病毒、漏洞扫描等技术，对整个运行过程进行实时的监测、监控和记录。

（2）研发评价数据信用缺失风险管控技术。在整个高校思政课评价中会面临着数据失真的风险，从而降低评价结果的准确性。在技术手段上通过设置不同评价主体的管理权限和数据使用权限，设置不同用户的数据使用权力和使用范围，从而降低评价数据失真的风险。

（3）研发应用效率风险管控技术。明确具体需求和应用目标，从而提高数据应用的准确性。

（4）研发信息泄露风险管控技术。运用态势感知、区块链、安全监测技术和加密算法等安全技术对数据进行全方位保护，对内外部潜在风险进行深度监测、安全预警和智能处理。

高校思政课智慧评价方式不仅重视共性的考察，还充分关注到了个性特征发展，这就需要建立个性化预警推荐平台。个性化预警推荐平台除了关注当前的高校思政课学习状态，还综合考查课程的主要影响因素，开展对学生各方面发展情况的增值评价，以"关注学生进步幅度"为评价理念，充分借助大数据、云计算等先进信息技术追踪和监测评价对象"过去""现在"和"未来"的发展数据。据此，高校思政课智慧评价方式个性化预警推荐平台应利用多水平线性模型、学生学习过程模型、关键能力培养效果分析等智能模型分析考查理论知识、思想素质、道德品质、实践能力等方面的增值情况，自动分析影响学生发展的关键因素以及相互之间的关联性和交互性，以归纳和总结出评价对象的发展曲线和智慧画像。

系统平台根据学生的学习爱好、学习习惯等特征制定个性化的学习方案和推送个性化学习资源，从而实现个性化的辅导。同时，平台还内置有动态预警体系，及时了解学生的思想动态和表现情况，对于危险的思想认识和错误的价值观方面能及时制定分级预案和有针对性处理，从而实现全面和系统化的干预，以最大限度实现高校思政课评价激励学习的功能。

7. 预警和反馈机制

高校思政课通过评价旨在发挥价值引领和塑造大学生品格的作用。时代发展和科技变革不断推动评价从"诊断与检验"逐渐转向"促进和发展"。高校思政课向智慧评价方式转型，以促进高校思政课高质量建设、推进信息技术与高校思政课教学深度融合、推动实现精准化、科学化和多元化评价为价值升华，旨在促进人的全面发展，其价值在于通过检验促进改进。一方面，通过智慧评价系统对每个大学生的学习过程进行数据整合与分析，形成成长发展数据库和智慧画像，使每个大学生清楚地看到自己的成长足迹，让教师、专家能够系统、完整地掌握每个大学生思想道德素质、专业能力素质和行为实践能力等发展情况，判断大学生成长发展的趋势；另一方面，智慧评价系统将分析结果与记录库中的其他对象进行对比，形成智慧画像和可视化评价报告。可视化评价报告用于改进高校思政课教学管理，激励大学生自主学习，提高大学生对思政课的学习热情和学习兴趣。

以服务需求为高校思政课智慧评价方式的落脚点。高校思政课智慧评价方式预警和反馈机制的根本在于促进改进，建设基于智慧评价结果的问责、考核和检验机制，采取多种方式的奖惩措施，鼓励大学生创造更多优秀成果。同时服务于大学生成长、教师发展和学校发展的需求，建立科学的服务机制。

（1）服务于大学生的成长发展要求。通过智慧评价系统生成关于大学生在高校思政课学习过程中个性化、精准化的评价报告，使大学生可以全面审视和评估自己学习效果和行为表现，帮助大学生优化学习方法、发扬优点，发掘大学生成长发展潜质，激发大学生主动学习动力，从而更好满足大学生个性化发展需要。

（2）服务于高校思政课教师的专业发展和教学水平的提升。从对大学生的评价报告反思自身的教学方法、教学态度，帮助高校思政课教师不断反思课程教学，改进教学方法，促进教师的专业发展和能力提升。

（3）服务于学校的整体宏观把控。学校根据高校思政课整体学习评价反馈报告，采取有效发展措施和策略，不断提升教学水平和教学质量，从而推动高校思政课的高质量发展。

二、高校思政课智慧评价方式改革的对策

智能化信息技术赋能的智慧评价方式，为破解高校思政课传统评价的现实困境与问题提供了新方向和新思路。从理念意识、内在协同性、保障体系等维度探讨高校思政课智慧评价方式的对策建议，推动高校思政课高质量发展。

（一）提升高校思政课智慧评价方式的理念

理念是行动的先导，新时代教育评价改革突出表现为理念的更新和深化，推进智慧评价范式理念入心入脑是开展评价的重要途径。提升智慧评价方式理念和意识，关键在于对高校思政课智慧评价方式的理解、深化、宣传和引导。

1. 利用学校教育平台普及智慧评价方式理念

高校思政课教学开展离不开学校这个大场域，学校在推广和普及高校思政课智慧评价方式理念中发挥主阵地作用。因此，学校要围绕推广和普及高校思政课智慧评价方式理念的大目标，统筹规划、整合协调学校的各项资源，真正落实高校思政课智慧评价方式理念的宣传任务。

（1）学校要充分利用好校园主题网站、高校思想政治工作网、教学课堂、实践活动、线上教学等教育平台进行宣传和引导。

第一，加强对高校思政课智慧评价方式基本理念和理论知识的宣传。通过网络教育平台发布关于高校思政课智慧评价方式的内涵、定位、特征、目标以及意义价值等基本知

识，以及新时代教育评价改革文件和国内外教育评价热点问题的解读与探讨。

第二，设置与高校思政课智慧评价方式相关的研究专栏。包括组织筹划研究论坛、邀请相关专家开展讲座、聘请专家顾问、咨询问答等活动，积极征集有关高校思政课智慧评价方式的文章，形成专门的研究专栏。

第三，设置相关文件解读栏目。近年来国家出台了一系列探索大数据、云计算等新一代信息技术运用于教育教学的相关政策和战略规划，以及新时代教育评价改革以及高校思政课改革的方案，教师要坚持贴近生活和贴近大学生实际，对相关文件、政策和方案进行深入解读，从而了解教育评价改革的历史进程、价值意义和未来趋势，提高师生的思想认识。

（2）思政课教师要充分发挥好课堂教学作用，从行为导向上加强对智慧评价方式理念的宣传和普及。理念和意识不仅要从深层次上加以理解，还要从行动导向上加以强化，引导思政课教师重视大学生的个体差异，创新评价方式，探索运用多种智能设备和网络平台辅助教学，开展线上与线下相融合的教学模式。同时鼓励教师充分关注大学生的"增值"，加强"增值"思想的宣传和引导，智慧评价是包含了结果性评价、过程性评价以及增值性评价的一种综合性教育评价范式，其中"增值"思想和认识，鲜明地反映了智慧评价方式的理念与核心追求，也就是重视大学生的进步和过程性变化，是一种激励性的评价方式。

教师要引导大学生充分关注自身发展进步，引导大学生正确的认识每一次考核评价，转变"唯分数"和"重结果、轻过程"的评价理念，帮助大学生将注意力转移到综合素质和能力的提升上来，鼓励大学生在参加各项实践活动中积极发掘自身的优势和长处，从而提升自己的整体进步水平。教师还要尝试运用多维的评价标准评价大学生，将过程性进步作为思政课教学追求目标。用发展性的眼光看待大学生的成长发展，通过设计满足大学生发展需求的教学内容和实践活动，促进大学生理论知识、思想素质和道德品质的发展进步。

2. 利用社会网络平台宣传智慧评价方式理念

信息网络以其交互性和共享性的传播特点得到各行各业的青睐，成为传播主流思想和文化的重要渠道之一。高校思政课面对的大都是 00 后大学生，而且他们是伴随着互联网成长的一代，无时无刻不在用网学网，是网络信息时代的原著民，高校思政课应当立足于时代发展要求，不断创新教育途径、方法和手段，运用网络传播平台宣传和普及智慧评价方式的新理念和新思想。

（1）向社会广泛普及高校思想政治智慧评价方式理念。对于社会大众所关注的教育热点问题，通过社会网站、高校思政课工作网、三微一端以及微信公众号及时进行宣传，以揭示教育规律、思政教育规律和大学生思想品德的发展趋势，以扭转社会上存在的"唯分数"评价理念误区，从多个维度探讨高校思政课智慧评价方式在数据结果、内在逻辑、运行机理、操作环节等方面的作用。同时还要运用社会网络平台探讨高校思政课向智慧评价方式转型的价值意义，引发社会群体的共鸣和思考，回答为谁培养人、如何培养人和培养什么人这一根本问题。高校思政课旨在通过智慧评价方式促进大学生理论知识、思想素质和道德品质、思想素质等方面的协调发展，以信息技术赋能的智慧评价方式激励大学生自主学习，主动积极接受思政教育潜移默化的影响，从而形成正确的"三观"。以此来引发社会群体的关注和重视，提高对于高校思政课智慧评价方式的认识水平，以充分发挥社会、学校和家庭共同育人的作用。

（2）创新宣传的渠道和方式。充分利用自媒体、新媒体、抖音和短视频，加大对高校思政课智慧评价方式的宣传力度。智慧评价方式作为智慧教育的核心要素之一，作为推动高校思政课评价转型的新教育评价方式，研究尚处在初步探索阶段，人们了解更多的是智慧教育、智慧校园和智慧课堂，一个主要的原因是宣传和普及的力度不够。大数据、云计算等新一代信息技术正赋能、创新和变革教育评价，如何将信息技术运用于高校思政课还有待研究，其适用性如何还有待考量。运用通俗易懂和易于理解的语言讲解高校思政课智慧评价方式，运用视频、短片、动画、图片等方式辅助宣传和讲解，还可以通过开设相关的网络课程、专家讲座、交流报告等方式进行全方位的传播，增强普及率，扩大宣传的覆盖面，从而形成覆盖面广、传播速度快、动态更新的宣传态势，有助于提升高校思政课智慧评价方式的理念和意识。

3. 在经验总结中拓展智慧评价方式理念

探索高校思政课智慧评价方式是一项艰巨而复杂的系统工程，其根本目的就是要落实到具体实践当中，单纯讲解高校思政课智慧评价方式的理论认识会显得较为抽象和难于理解，造成对高校思政课智慧评价方式的理解和认识不够深入，鼓励教师和专家学者在具体实践探索中进行经验总结和效果呈现，有利于拓展和深化对于高校思政课智慧评价方式的理念和意识。

（1）积极开展高校思政课智慧评价方式实践的试点工作。在积极调研的基础上选择一批在硬件软件、基础设施以及专家人才等方面满足条件的高校开展试点工作。教师围绕教学实际、课程特点和培养目标与相关专业技术人才进行相互配合和协作，共同抓好高校思政课智慧评价方式的试点工作；专业技术人才负责技术操作层面的把关和掌控，负责关于评价数据采集、存储记录、处理分析和评价环节的操作指导；教师和专家学者负责提供相关的数据信息，并且运用思政教育规律和大学生成长规律等专业理论知识，解析现象和预测发展趋势，从而得出关于大学生思想素质和综合能力发展的科学性反馈，形成社会各力量广泛参与和研究的积极态势。

在开展研究过程中，还应积极追踪和监测试点学校的开展情况，对于具有成功经验的试点学校及时做好经验总结，以研究报告与论文专著等方式推广成果和经验，将高校思政课智慧评价方式的理念和意识拓展落到实处，从而增强对高校思政课智慧评价方式的信服感和认同感，进一步深化和普及对于高校思政课智慧评价方式的理念和认识。

（2）开展以思政课教师为主导的成功经验的普及和宣传。思政课教师工作在教育教学第一线，不仅担任了课程教学的重要角色，而且还是智慧评价方式的重要评价主体，对于教学组织、课堂反馈和大学生反应有着切身的体会和深刻的认识。因此，应鼓励思政课教师运用好课堂教学主渠道，积极开展智慧评价实践，增强对智慧评价相关理论的知识储备，立足于实际教学获得第一手评价数据信息，促进教学实践成果向科研成果转换。同时学校还要积极创造学习交流的平台，通过召开专题讲座、研究论坛和培训交流会，增强教师和专家学者学习探讨的机会，从而有效促进优秀经验成果的推广和运用，激励各个学校结合自身的发展实际，开展具有自身特色的高校思政课智慧评价方式实践。

此外，学校主要负责人还应进行积极的统筹规划，提供充足的资金、资源、设备和人才，组建一批专业教师队伍，形成社会群体广泛研究的积极态势，进一步促进高校思政课智慧评价方式理念的普及和推广。

（二）增强高校思政课智慧评价方式的协同性

高校思政课智慧评价方式内在包含着评价主体、对象、标准、手段和模式等多种要素。智慧评价方式的实施开展并不是简单要素的组合，而是在统筹人的理性和工具理性前提下的内部各个评价要素与方法之间的有机结合和协调发展。为保障高校思政课智慧评价方式的顺利实施，为充分发挥机器智慧与人的智慧相融合的优势，还要增强其内在协同性，即是形成知识性评价与价值性评价相统一、定性评价与定量评价相统一，以及形成性评价与发展性评价相统一的有机整体。

1. 知识性评价与价值性评价协同

高校思政课是大学生思政教育的主渠道和主阵地，在培养什么人、如何培养人和为谁培养人的这一根本问题上发挥着重要作用。高校思政课学习过程是一个认知建构、情感激发和价值确立的过程。这一课程特殊性决定了高校思政课智慧评价方式要充分实现知识性评价和价值性评价的统一，充分发挥激励、反馈、检验和诊断的功能。

（1）强化教师等评价主体"过程管理"的评价目标，注重将平时考核与期末考核结合起来，在考察知识基础上实现价值引领。传统考评模式所具有的"重复述，轻思考""重理论，轻实践""重结果，轻过程""重记忆，轻能力"等因素导致了许多大学生在思政课学习过程中缺乏主动性、积极性，存在着"平常不用功，考试搞突击"等现象。这种以终结性考试为主的评价方式并不能真实地反映大学生真实水平，也没有充分彰显出高校思政课的价值所在。因此，需要引入和强化"平时表现"和"过程管理"的理念，利用大数据、云计算全方位采集大学生在学习践悟过程中的日常表现和行为数据，充分关注到大学生在整个学习过程中思想素质、道德品质、综合能力和知识水平的变化，在全方位考查大学生理论知识的同时发挥思政教育潜移默化的影响，从而实现评价由终结性评价向过程性评价的转变。

（2）突出评价体系的多维性，将课堂考核与实践活动考核结合起来。增强对于行为实践度、知识积累度以及主观努力度等维度的考察。不仅考查思想道德素质、能力发展素质、专业技能素质、身心健康素质以及理论知识，还考查大学生课堂表现、考勤纪律以及阶段测试等方面的发展情况。在评价过程中重视对于过程表现和内在素养的考查，既实现对马克思主义基本理论知识的考查，又在充分尊重大学生成长发展规律和思政教育规律的基础上引导大学生树立正确的世界观、人生观和价值观，引导大学生不断提升自己内在修养，在实践活动中自觉遵守道德规范和内化为自身的理想信念，在明辨是非曲直和价值判断上保持正确的导向，从而真正实现知识传授和价值引领的有机统一。

2. 形成性评价与发展性评价协同

高校思政课不仅具有其他理工科类课程的共性，都要遵循教育规律以及课堂教学规律，而且又有和其他课程相区别的特殊性，表现在其教学过程是以马克思主义理论为核心的知识教育，课程内容具有鲜明的意识形态性和社会主义本质特征，遵循思政教育规律、马克思主义理论教育等多重规律。一方面，高校思政课重视知识传授，帮助大学生理解和掌握马克思主义的科学理论，为大学生一生发展奠定思想基础；另一方面，关注大学生内在素质和思想水平变化，帮助大学生形成一定的思想品德，引导他们自觉运用马克思主义立场、观点与方法认识世界和改造世界，这个过程同样遵循马克思主义理论教育的规律，评价的过程表现出多重教育规律统一。

在思政课评价上，总结性评价受到广泛重视，而如何通过评价促进思政课自身建设，如何发挥教师的积极性、主动性、创造性，把评价作为生成性因素的过程评价则相对重视不够。这就决定了高校思政课智慧评价方式必须重过程性和重发展性，坚持两者相统一。一方面，智慧评价方式在考察高校思政课学习过程性表现的同时还要重视考量大学生的进步程度，激发大学生对于专业学习的热情，发掘大学生个人发展潜质和潜能，引导学生树立正确的世界观、人生观、价值观，增强高校思政课吸引力和感染力，以充分发挥评价激励、引导和促进的功能；另一方面，促进人的全面发展是高校思政课智慧评价方式的重要旨归。这就要求要充分发挥大数据、云计算等新一代信息技术的优势，利用现代信息技术对学习过程进行数据自动采集、智能处理分析和生成评价反馈报告。通过反馈为大学生提供满足人生发展需求的精准化服务，比如提供个性化的学习方案，推送自适应的学习材料，服务于大学生的个性成长，这便是高校思政课智慧评价方式坚持形成性评价与发展性评价的应然之道。

3. 定量评价与定性评价协同

随着教育信息化的深入推进和信息网络技术的广泛应用，高校思政课也迎来了新的评价理念和评价视角的转变，评价方式不仅要考察知识，也要考察价值观。同时，评价方式科学性和精准性要求越来越高，定量评价方式在高校思政课评价中逐渐受到重视，在新的视角下，许多高校开始探索新的评价方式，比如形成性评价、等级评价、档案评价。实现这些评价需要大数据、云计算等新一代信息技术的支持。

智能信息技术赋能的智慧评价方式运用大数据、云计算等技术广泛收集大学生在高校思政课学习过程中的各种信息，运用电子档案袋、成长记录袋等手段记录学习过程。不仅保证了评价数据信息采集的真实性、准确性和可靠性，而且还提高了评价的质量和效率。有利于全面反映大学生的学习情况、政治觉悟和道德水平。高校思政课智慧评价方式并不是一种纯技术的应用，也不是某种工具和手段，它是基于科学理论知识、规律和方法的一种新的评价方式，这种评价方式不仅要求对学生的平时表现和过程变化进行量化处理，更重要的还是要发挥教师或专家的主要作用，运用思政教育相关学科知识和方法揭示量化数据的规律和本质特征，对大学生的思想素质、政治素质、道德品质开展科学合理的定性评价。

将量化评价和质性评价有机结合起来，是未来高校思政课评价方式改革的新趋势。在探索和应用高校思政课智慧评价方式的过程中，还要注重定量评价和定性评价的高度统一。

（1）充分保障广泛采集的数据信息服务于高校思政课教学目标，从各个维度采集到体现大学生能力发展和思想素质等方面的信息，使数据信息真实、精确和客观。

（2）充分发挥思政课教师的作用。运用思政教育理论和方法，分析数据背后的发展规律和基本趋势，在把握学生思想行为特点基础上，运用相关经验和科学理论分析总结大学生的理论知识、思想道德素质、能力发展素质以及主观学习态度等方面的发展情况，在大学生动态发展过程中发挥最大化优势。

（三）健全高校思政课智慧评价方式的保障

实施和开展高校思政课智慧评价方式是一项艰巨而复杂的系统工程，为保障高校思政课智慧评价方式的顺利运行，需要从顶层设计与规划、制度体系、专业人才和保障环境四个层面健全高校思政课智慧评价方式保障体系，以确保全面性和全方位的顺利实施。

1. 加强顶层设计规划

智能化信息技术赋能的高校思政课智慧评价方式将实现全息性数据采集、数据集中存储、数据有效挖掘、精准化评定、智能化反馈，助推实现教育评价的改革和创新。智能化信息技术与教育深度融合迸发出的无穷力量和美好前景受到各国的特别重视，高校思政课评价向智慧评价方式转型势在必行。在国家层面已经对开展人工智能教育评价提出了明确的要求。但从目前来看，关于智慧评价方式研究尚未在全国范围内大范围普及，缺乏开展高校思政课智慧评价方式所需的研究经费、基础设施、专业性人才等方面的支持。同时，关于高校思政课智慧评价方式的主体、内容、目标、程序、环节等方面还未有明确和详细的规定，相关具体实施细则缺少相关的政策依据，需要从国家层面对高校思政课智慧评价方式做出引领性、系统性和规范化的政策设计和战略规划。

为推进高校思政课智慧评价方式的理论研究，应当加强顶层设计和规划，为开展高校思政课智慧评价方式理论研究提供保障。教育政策作为国家分配教育资源的行动依据和准则，是协调各方利益、满足各方诉求的基本途径。这就要求思政课教师要结合教育教学实际，围绕高校思政课的课程目标和育人方向，把握大学生的思想特点和行为特征，开展以政府为主导的顶层设计规划，促进智慧评价方式真正发挥课程指挥棒的作用，推动高校思政课高质量建设和发展。

（1）从政府层面，应将探索高校思政课智慧评价方式纳入教育发展规划当中，通过出台相应文件鼓励广大研究者积极探索和钻研。

（2）从政策层面，应制定专项配套政策，包括开展高校思政课智慧评价方式所需要的投入经费、基础设施和专业人才等方面的配套政策设计。

（3）设计具体的高校思政课智慧评价方案。鼓励思政课教师、专家和学者积极开展研究，明确规定高校思政课智慧评价方式的主体、目标、原则、内容、方法、工具技术、操作程序、结果应用和反馈等方面的内容。

（4）学习借鉴其他国家关于人工智能教育评价的做法经验，为设计高校思政课智慧评价方式标准、构建理论模型和操作实施提供经验支持。

（5）坚持科学实践与经验总结并进。由于开展高校思政课智慧评价方式理论研究的借鉴经验欠缺，这就需要在试点学校研究基础上系统推进高校思政课智慧评价实施工作。先在硬件软件和基础设施较为成熟的少数高校开展试点工作，然后再逐步推广和广泛研究，不断完善理论模型和优化实施步骤，最后形成具有典型性和示范性的经验总结。

2. 构建完善的制度体系

制度是高校思政课智慧评价方式规范化、系统化运行的重要保障，关系着评价结果的输出质量。构建一套系统完善的高校思政课智慧评价方式制度体系，需要各部门和全社会力量的广泛参与，包括审核发布办法、过程监督制度、评价报告发布制度、评价结果使用制度以及评价数据信息风险防控保障制度等。

（1）制定关于审核、发布高校思政课智慧评价方式办法，明确高校思政课智慧评价方式的主体、对象、内容、目标、原则、环节等内容，厘清不同类型和不同阶段高校思政课智慧评价方式的具体内容，明确规定不同评价主体和各利益相关者的职责和权利；制定开展高校思政课智慧评价方式的过程监督制度，建立专门的监督团队和部门，对实施的基本流程、主要环节、工作进展开展追踪和监测，以确保各个评价环节得到全面、全方位和全过程的监控。

（2）建立高校思政课智慧评价方式报告发布制度。高校思政课智慧评价方式结果最终是以可视化报告方式呈现，关于评价报告如何发布、发布的时间、渠道、内容都需要做出明确的规定和要求。而且智慧评价发布的对象涉及教育部门、高等院校、学科、教师、大学生和家长等，这就要针对不同发布对象的需求采用不同的呈现结果方式。评价的内容包括大学生理论水平、思想素养、道德品德、实践能力、合作能力等多维发展情况，涵盖关于教师的教学准备、教学过程、教学手段、教学态度等影响因素分析。只有明确关于高校思政课智慧评价方式报告发布的方式、内容、范围和对象，建立完善的评价结果和评价内容发布制度，才能确保评价结果的科学、真实和有效。

（3）形成评价结果使用制度。智慧评价结果是高校思政课开展教学分析、预测预警和教育决策的落脚点和根本依据，制定评价结果使用制度，旨在规范评价结果使用范围、使用时间、使用空间和使用流程。使评价结果得到有效和规范的应用，从而保障各利益相关主体的利益。建立高校思政课智慧评价方式结果使用制度：①明确使用结果的范围、路径和方式，如运用于教师绩效考核、大学生评奖评优等方面都要做出明确的规定，发挥评价结果使用制度的激励性，从而调动师生的积极性和主动性，引导大学生不断提升综合能力和综合素质；②构建以改进高校思政课教学、提升教学质量和完善大学生学习方法为主要目的的使用制度。思政课教师应充分应用智慧评价方式结果，不断反思教学质量、改善教学方法和提升教学策略，还要充分关注到每个大学生的优势潜能和发展不足，做到心中有数，以便及时开展有针对性的指导工作。

评价结果中涉及很多与评价对象相关的个人信息，这些信息的不合理使用有可能造成信息泄露的风险，这就要求相关的教育主管部门应及时制定好预防信息泄露和数据信用缺失风险等制度，落实好信息保密、信息安全等管理办法，强化规范化的信息管理，以降低评价数据使用风险。

3. 培养专业人才队伍

高校思政课评价是一个多元性、系统性和复杂性过程，传统评价方式在突破高校思政课评价现实困境上显得动力不足，迫切需要向智慧评价方式转型。智慧评价方式人才的建设是保障机制中的关键，急需要培育和建设一支既精通教育业务又擅长于智能化信息技术应用的高校思政课智慧评价方式的人才队伍。

（1）积极培育一批掌握智能信息技术和精通数理统计的高校思政课教师队伍。高校思政课智慧评价方式是一项技术含量高的工作，它涉及教育学、心理学、教育测量学、教育评价学等多个学科领域，尤其是涉及人工智能、大数据和云计算的应用，对于专业人才的理论素养要求较高。学校通过开展人员培训、学术研讨和外出学习交流方式提升整体队伍的综合素质，鼓励教师加强计算机软件知识、数理统计知识和教育教学知识的学习，包括掌握数据的采集、评价指标确立、智慧评价系统操作以及评价数据处理分析等方面操作流程。同时，还应当提升思政课教师的专业基础知识和技能储备，灵活运用专业知识和教育教学经验进行分析、诊断和预测大学生现实表现和思想素质，全面了解大学生知识水平、优势潜能和发展特长，同时教师根据反馈结果及时调整教学策略和改进教学方法，为高校思政课教育教学提供建设性意见和对策等。

（2）努力提高高校思政课教师的综合素质。高校思政课和其他学科不一样，思政课教师面对的是一群思想多元、复杂的群体，大学生的思想政治素质发展水平不易察觉和把握，需要具备较强的实践能力、创新意识等综合能力，需要教师从不同的维度对学生进行考查，丰富考察的形式，比如从实践调研、论文撰写、课程交流报告汇报、演讲、微课视频制作等方面进行数据收集。其中要求高校思政课教师具备较高的洞察能力、调查追踪能力、分析判断能力、评价反馈等方面综合能力和综合素质。

4. 优化健康的保障环境

健康的保障环境有助于促进高校思政课智慧评价方式的良性发展，优化高校思政课智慧评价方式保障环境需要从整个教育事业整体规划的角度进行设计和布局。

（1）增强以政府为主导的高校、教育主管部门、社会的多方协同参与。制定多方协同参与的相关机制，积极构建多方协同参与、齐力并发的良好的外部环境。将新时代的人才培养要求与思政教育有机结合起来，以评价激励大学生学习、智慧生成、价值确立、知识建构和情感激发。从而培养创新型、智慧型人才，服务于国家建设和社会发展。

（2）创造良好的制度环境，加强关于高校思政课智慧评价方式制度建设，包括智慧评价方式过程运行制度、评价结果发布制度、评价结果使用制度、评价信息风险防控制度等，从政府宏观层面发布相关的制度，高校积极落实政府制度规划和制度安排，以具体实施细则和细化目标推动高校思政课智慧评价顺利开展。

（3）优化智慧教育环境，智慧评价是智慧教育的核心环节之一，实施高校思政课智慧评价方式离不开智慧教育这个大场域。高校需要加强智慧教育的技术开发和建设，建设互联互通、高度共享、开放的智慧校园环境、智慧课堂等，研发相关的智慧教育技术工具，包括建设一系列智慧评价平台和智慧评价系统等，以推动良好的智慧教育环境赋能高校思政课智慧评价方式，更好地为实施和开展高校思政课智慧评价方式提供充分的环境条件支撑。

第四章 中华优秀传统文化对高校思政教育的浸润

第一节 中华优秀传统文化与高校思政教育的共通性辨析

一、子母文化静态协同的表现样态

（一）理论与实践的有机统一

无论是中华优秀传统文化还是思政教育都是人类同现实生产作用后的产物，政治、道德、宗教、法制、语言、习俗等思想性的表述要在文化实践中验证自身的存在，方可获取现实性意义，达到理论和实践的有机统一。

第一，文化存在的理论呈现在实践中得到验证与发展。中华优秀传统文化在长期的文化发展中不断继承、创新，形成了丰富的理论资源，思政教育亦立足教育规律、目标、方法、内容、载体和环境以及受教育者自身的相关因素不断地完善已有的理论体系，以静态的理论形式和动态的教育方式一协同指导人在生活中面临的问题，深化思政教育的实际功效，两者具备理论与实践的双重范式。

第二，异质文化的交流互鉴本质上归属于从理论样态转向行动样态的文化实践，具有相容属性。文化受众先把握文化富含的内在价值精神，进而在文化体验和文化践行的过程中获得文化感悟，塑造价值认同、社会归属感。当文化形态落实在现实实践中，人就会对固有的文化存在进行反思，进一步促进静态文化同动态育人范式之间的转换，用行动化解理论、受教育者、文化和教育之间的矛盾，知行合一成为文化育人的重要特性。

第三，文化存在是源于生活的理论抽象，最终指向实践的现实，完成理论与实践的二态融合。育人实践将教育内容、教学方式转化为人自我的认知，围绕生活的自我场域开展"文化"的教育，切实缓解理论灌输缺乏实效、难以形成共鸣和育人内容教条化的问题。中华优秀传统文化立足本土文化自身的德育资源，发挥其"以文化人"的育人性功用，以传统文化理论为基点，开展中华优秀传统文化的宣传、教育、继承、创新活动，紧密文化和生活实践的关联互动来强化文化受众对其的认知。

学校则开设了"课程思政"式"三全育人"以及各种思政教育类社会实践，通过理论学习、活动参与和集体谈话等形式，引导大学生在思政教育实践中运用理论来自我反思和自我引导，促使个体积极参与政治、具备良好德行和思想文化素质，成为符合社会发展需求的公民，消解教育理论与个人本体间的疏离。

中华优秀传统文化和思政教育同属于以文化人的育人领域，其中，中华优秀传统文化凭借其已有的内在价值、文化传统浸润思政教育，两者在文字理论、制度规范和运行范式上达成了静态形式上的文化融合。

（二）注重育人的化人目标

文化本就是以文化人的过程，中华优秀传统文化和思政教育同属于文化领域，自然存有同一的育人指向，成为两者静态浸润的首要样态。

第一，价值观教育、情感德育和培育政治共识是中华优秀传统文化的重要内容。中华优秀传统文化融合了信仰教育和爱国主义教育，将国家情感深植于国民心灵。人们应当认识到"人人皆为君子"的教化目标，其内涵涉及政治统治的本质和社会道德的一致性，有助于避免道德混乱和价值虚无，对个体的道德观念和行为产生长远影响，进而有助于社会秩序的稳定，呈现出文化在政治方面的功能。在当今社会，中华优秀传统文化中的爱国主义和自立自强等品质精神深刻地塑造了国民思维方式和精神导向，贯穿于各个历史时期的思政教育中，并以适应时代的方式在精神价值上融合，产生了显著的影响。

第二，思政教育汲取优秀传统文化中有益的教学规律和育人思想，以系统的教学德育体系向受教育者传递荣辱、是非、善恶等判定标准，约束个人言行、做出正向价值判断以实现自身立德树人的化人目标，促进人的全面发展。思政教育始终秉承主流意识形态的价值主线，维系着统治阶级的政治稳固，以满足社会发展需求作为教育本身的重要目标，不断增强社会主体的适应能力、创新意识和实践水平，培育出推动社会发展的"社会人才"，实现文化本身育德、育能和育智的化人目标。

人在社会中联结社会关系的客观需求与和谐共处的行为规范是思政教育培育具有"自律性"的社会人的应然前提，中华优秀传统文化中严于律己、知行合一等道德标准，是引导大学生对德育规范、阶级意识等教育内容在理性认知的基础上加以情感升华并落实到"善"的行为实践之中的内在精神指引，思政教育同中华优秀传统文化在培育德性人格和政治公民的层面上达成了目标统一。

由此，中华优秀传统文化用他律的道德约束，将道德行为、法治意识和政治观点从硬性的规范转化成软性内化的自律行为，引导个体真正领会思政教育所传递的道德原则，注重慎思笃行进而浸润到思政教育文化体系之中，增强了受教育者自我德育、自我控制和自我践行的能力，实现德智体美劳全面发展的育人目标。

（三）崇法尚礼的制度氛围

法治向来是国家不曾缺席的统治工具和应然需求，在长期的运用实践过程中，法治要素逐渐抽象为法治思维，纳入文化领域并凝结为崇法尚礼的制度氛围，进而引导社会主体自觉遵守社会道德、法律法规，故此，中华优秀传统文化同思政教育在以法化人层面得以达成静态协同。

当前，我国发展的背景以依法治国为主导，使得思政教育处于崇法尚礼的法治环境之中。中华优秀传统文化的法治精神和道德价值深刻影响着思政教育，以社会主义核心价值观为中心，构建了一个教育体系，包括道德素质、政治素质、法律素质和思想素质等要素。在这个体系中，个体在自由、平等、公正、法治等价值导向下接受内在道德培养和外部法律规定的双重制约。这些制约逐渐内化为社会心理和道德行为的固有特征，形成了共同的价值认同和动态平衡，使不同个体、教育环境和社会背景之间都能够在正义、公平、友善和诚信等底线价值上达成共识，自觉遵守社会秩序，坚守社会主义核心价值观。

在法治精神的指引下做好价值定位，明确培育法律意识的价值旨趣在于规范个体言行、厘清责任与权利而不是将人塑造成法治社会的被动执行工具，通过现实的案例结合受教育者所处的社会环境，引导受教育者强化自身的法律意识、责任意识，明确法治、制度和规范的程序性和强制性，敬畏法律并内化于心，由他律逐渐化为自律，养成懂法、守法的德性行为，在他律底线的监督下推进受教育者自由全面的发展。

崇法尚礼的文化传统为国家治理提供了遵纪守法的道德基础，明确了思政教育既守法理又讲伦理的角色定位，划定了其培育个体德性和理性同向发展的功能任务，由此中华优秀传统文化和思政教育在"法"与"德"两者的交融中具有了刚性与柔性双重统一的共性规范。

二、异质文化动态耦合的流态过程

（一）个体德性的合力培育

中华优秀传统文化和思政教育在长期的文化交流中形成了一定联系的文化共同体，夹杂着相通的价值目标、道德体系和德育内容，形成了个体德性培育的动态合力。

中华优秀传统文化与思政教育借助家庭、社会和民族文化等多个领域的共性文化形式指向立德树人的育人过程，实现两者动态层面的目标契合。当前，两者都具备与家庭美德、社会公德和个人私德相应的道德内容体系，时刻用道德、伦理以及法治思维约束受教育者的行为，个体的价值观点、思想认知和道德行为在相近的文化处境、社会环境中实现了文化、环境、行为等个体差异的趋同。

社会个体的德性培育过程不是静态的逻辑堆砌而是个体内化并行为外显的动态过程，中华优秀传统文化和思政教育以外显和内隐的双重方式对个体德性加以引导、塑造和约束。

第一，在中华优秀传统文化中修身、治国都要讲究"德"，德是个体基于特定的价值观念，经由思政教育或道德引导，自觉践行大德、公德、私德形成的稳定的"德性"人格。当前思政教育对学生进行正面的、持续的理论教学、舆论宣传和行为规范，以外显的呈现形式明确个体的道德底线，进而促使个体认知、诠释、内化道德文化，用主导的道德标准衡量自身行为并加以调整，加强自身的思想、道德和法律素养，随后个体的德性内化又反渗到思政教育体系之中成为其道德实践的外显素材，增强思政教育以文化德的能力。

第二，外在的德行约定必须加以实践内化才能具备培育德性的实效性，文化的实践内化离不开文化运用的外显反馈，中华优秀传统文化和思政教育在利用显性德育规范的同时要辅之以"隐性"德育和"实践"德育。思想政治德育往往结合现实的生活，深化大学生对德行的理解；开展道德模范的评选活动，有助于引导个体在模仿和榜样示范的德性环境下增进德性行为认同，形成德行到德性的动态转换。然而事实上，动态变化的生活营造出多变的文化场域，时刻影响个体的文化认知、文化选择和文化心理，导致个体的文化行为不断地发生动态调整，德性内化和德行外化在动态印证中实现价值精神与道德现实的契合。

由此，中华优秀传统文化和思政教育凭借外显的德行规范明确了个体的道德要求，以行为践行进一步推动社会主体对德性文化的价值内化和德行反馈，于内隐与外显双层上内生为本体稳定的"德性"人格，实现两者在个体德性培育上的动态浸润、转化和耦合。

（二）文化环境的涵化流程

基于文化存在各自的传统背景，形成了不同的文化场域和文化模式，如果文化个体长期受到同一文化环境、氛围、场域的浸润就会呈现出日渐相似的文化表达，进而得以构建出受众认知、情感认同和行为实践各方面具有共性的文化共同体，完成异质文化在同一文化环境中涵化的动态流程。

第一，异质文化间延续的文化共识是文化涵化的环境基础，中华优秀传统文化在共享的文化体系内同思政教育保持持续的信息互动。每一种文化存在从来都不是单独的文化体，而是根植于文化资源的时代产物。对思政教育而言，长期的传统文化默化使其形成了特定的文化视域和思维惯性，促使教育者下意识地选择已有的文化经验诠释思政教育的教育内容，引领受教育者成为传统文化视域中的"君子"。此时，中华优秀传统文化凭借传承下来的价值共识影响到教育者的认知选择，有机融入思政教育的文化体系，以潜移默化的形式使社会主体接受优秀传统文化中的价值指向和践行规范，在思政教育的文化实践中由内在的文化认知转换为外显的道德实践，进而实现异质文化的融合、创新。

第二，中华传统的道德文化孕育出辐射广泛的德育环境，时刻对思政教育加以精神引领、道德示范，促使思政教育秉承其优良的德育文化，实现两者在价值指向上的动态耦合。具体而言，思政教育以中华优秀传统文化中的民族精神、道德取向和育人方法等文化介质完善自身的教育路径，将优秀传统文化中适用于新时代的精神存在作为教育方向，结合教育实际继续发挥其精神引领的功效。思政教育和中华传统文化虽不同属于一体文化，存有文化内容、文化价值和文化模式的差异，但是，中华优秀传统文化中的爱国主义、英雄主义、义利观等观念同传播社会主流意识的思政教育在多元价值选择中，达成了社会主义核心价值观一元化的文化认同。

第三，动态创新的中华优秀传统文化环境为思政教育的浸润提供了动态开放的文化场域。中华优秀传统文化随着社会发展和空间拓展不断演变自身存在的同时，始终以其内在的价值取向和道德精神塑造着崇法尚礼的文化氛围，促使社会个体生成趋同的文化心理并自觉地模仿德性文化中的道德行为，将中华优秀传统文化中的德育原则转化为思政教育的德育内容，将抽象的道德要求濡化为人内在的修为品性，进而实现思政教育德育的化人使命。在道德原则和法治制度、主流意识和文化传统、文化经验和现实需求的平衡中实现中华优秀传统文化对思政教育的当代转化。

可见，中华优秀传统文化将思政教育置于开放性的德育文化环境中，以固有的德育氛围、群体效应潜移默化地浸润思政教育内容并加以价值引领，实现文化的动态育人功能，涵化社会主体的品性行为。

（三）继承创新的互动表达

中华优秀传统文化和思政教育作为文化存在都经历了文化选择、继承、借鉴和创新的动态过程，在文化生成、创新中不断拓展自身的表达范围，实现多元文化资源中的继承、融合、共生。

1. 延续性

中华优秀传统文化和思政教育都具有"传"的文化延续性，不断将适用的道德取向、育人方法和行为规范等内容纳入德育范围，保持传统文化核心精神、德育内容和价值标准的相对稳定，在时间纵轴上形成逐渐完善的教育体系。思政教育以崇法尚礼、坚韧不拔的德化人格为内核，汲取民族思想、传统道德和理想信念的合理要素并在长期的教学实践中丰富了自身的制度规范、育人体系和教学方法。这个过程中传统文化要素同思政教育文化要素之间产生交融、碰撞、凝练、创新，抽象为共性的文化模式来推动群体认知、情感认同和道德实践的代际传承，引导社会主体塑造出传统的德化人格。

思政教育通过传授个体的价值观、人生观、生命观、国家观等教育内容，并通过开展道德模范评选、学雷锋等精神文明活动，加深了个体对爱国主义、个人道德和社会公德的理解。这一过程使得共享同一文化背景的人在物质文化、精神文化和制度文化的不断传承中，建立了一个共同的文化社群，共同认同了价值观、情感和理想。文化社群的成员在文化主体性格、思考方式和心理结构上趋于一致，受教育者在思政教育和社会化教育的共同影响下，形成了相对稳定的行为模式、文化认知和道德品格。

2. 创新性

思政教育和中华优秀传统文化具有"拓"的文化创新性，在形态横向上实现了文化认知到行为外化的变化，对文化存在加以理解、结合实际对文化环境加以补充拓展，形成了新时代条件下的新生文化体系。思政教育和中华优秀传统文化都具有文化化人的特性，在相应的文化价值和育人体系不断对人的文化思维进行引导，给予相应的文化心理暗示以使人形成符合文化传统特点的个性特质。

思政教育基于中华优秀传统文化和社会主流文化的文化基因，引导受教育者对思政教育本身形成合理认知，自觉选择合理的、积极的文化内容并通过语言、教学、榜样模范等形式传递给他人构成社会性文化认同，内化为现阶段社会的主流意识。但人本就是动态发展的存在，不同主体存有代际差异。师生双方对思政教育、中华优秀传统文化理解、兴趣和认知的相异性，使思政教育不断调整原有文化内容逻辑、价值取向选择和教学呈现方式，原有文化具体的样态发生改变甚至出现部分文化信息的更替。

当前的思政教育工作者往往结合中华优秀传统文化中的精神意识融合式讲解、传递社会主义核心价值观，促使受教育者形成自觉的精神反思，在优秀的道德文化共识上实现主体的文化认同、道德认同和行为认同。一方面，思政教育要引导个体向群体社会化演进、将文化理论转变为社会实践以及不断把文化认知上升为精神信念；另一方面，要促使受教育者将思政教育文化和中华优秀传统文化等已有文化内化到自身的思想结构之中，将社会共有的文化思想、价值认知和精神信念加以整理、拆解、重组，使之富有新时代的适用性。

思政教育对优秀传统文化的传承不是完全的文化复制，而是一种文化基因遗传和"变异"的生长过程。思政教育对中华优秀传统文化的继承要打破僵化思维，在传统的文化视域内延续优秀的教育方式、德育思想和文化资源，又要以文化自觉的态度去把握文化创新的时代诉求，推动育人形式、价值取向和教育内容的现代化转变。

三、人文内核互化共通的联动过程

（一）以人化文的多态实质

文化的根本在于精神的人类化，社会主体在生活实践过程中不断创造出对象化的物质精神产物，并由符号、言语、行为等多种载体呈现出其中的文化精神价值。中华优秀传统文化同思政教育均由人的实践产生并由文化践行而不断丰富自我的展现形式，是人在社会实践活动下生产出的多态产物，两者具有本质上的共通性。

第一，文化即"以人化文"的人化过程，借由人的主观意识和实践行为使对象物质获得"人的形式"，附着"人的意识"而成为"人之物"，是人意识机能不断发展的必然产物。实践作为社会主体获得存在本质、得以长期发展的根本方式，在其物质生产的过程中发展了人独有的意识系统，能够以人自有的思维方式把握客观世界的本质，根据多样化的生存需要、外在环境和主观需求创造出形式多样、领域各异、性质相别的文化存在形式，形成了包含物质文化、制度文化、精神文化在内的复杂的文化体系。由此，人基于意识的实践创造了一个属人的文化世界。

第二，文化体系中精神内涵、呈现形式、价值指向等要素频繁多变是基于人的可塑性、自为性和能动性，文化结构不断贴合社会主体的需求而彰显出文化的"为人性"。社会对人的约束并不是完全的被动存在，人运用外部条件和自身资源来适应社会、改造社会，也就是人作为具有自为性的文化存在能够不断调整文化内容，创制出符合自身意愿、满足自身需求的文化产品，以文化的创新来实现审美、求知和发展的需求变动，以寻求成就感、满足感和愉悦感等精神体验作为发展哲学、艺术等文化形态以及丰富主体文化选择多样性的内推助力。人凭借学习、实践、教育等形式调动自身语言、推理、运动和模仿的认知能力，最大程度利用环境有利要素构建起自身的文化对象关系。

第三，人创造生产"人化"的文化过程，经历了人自为到自觉的发展，精神物质"人化"呈现出多样的文化样态。人先是通过劳动将自身力量不断地对象化为文化产品，以此外显各自的思维和交往方式，在这一过程中，文化的"人化"与人"类"的发展相同步。文化存在随着实践的深化实现了由自然到神灵，再到人自身为参照系的发展，塑造了原始文明以及工业、信息文明等文化形态。

思政教育和中华优秀传统文化凝结了思想文化、法治文化、道德文化、制度文化和政治文化等具体形态。在构建的文化世界中凸显了人本质的对象化，由此两者在育人文化这一特性上具备了得以浸润的本质要义。

（二）以文化人的共同导向

中华优秀传统文化和社会主流文化在文化生成、输出的过程中使人不断构筑自身的文化认知格局、社会性文化共识，塑造出社会化和个性化统一的"文化人"。当下，思政教育肩负着传递传统价值理念和主导价值观的重要使命，在教育过程中将传统优秀文化和社会主义核心价值观融入育人文化环体，不断增强人与文化存在和文化价值的契合度，以内化性价值指向规范人的道德行为，以深厚的文化实体涵化社会主体的性格品性和价值取向，实现以文化人的德育指向。

1. 性格品性

文化在以人化文的实践过程中不断地彰显主体的自我意识，以文化基因传承的隐性方式塑造着个体的文化意识、文化人格以及匡正其文化行为，人化的文化对主体予以"教化"，主体由此形成了规范性、稳定性的文化认知、思维方式和道德行为，提升了个体的文化素质，实现了主体"社会人"和"文化人"的双重结合。主体通过文化整合、学习教育、行为模仿等方式实现对中华优秀传统文化的文化价值和思维方式加以选择、认同、践行，并按照社会要求、道德指向以其中的价值标准规范自身行为，获得同其他主体相近、相同的行为选择，塑造了社会整体相对稳定的德性人格。这个过程不是文化理念的生搬硬套而是个体在文化浸润中的意识内化。

文化作为一种交互性存在，不断地引导个体在文化实践中感知自身定位和存在状态。正如思政教育和中华优秀传统文化向个体传递公平法治、尊老爱幼、清正廉洁等价值观念，引导个体主动地将文化价值纳入自我意识框架，培育自我独立认知、判断选择和调节适应的能力，并准确认识自我在社会关系中的角色定位和社会责任，自觉地遵守外在的社会规范和内在的道德意识，进而养成道德惯性和德性人格。由此，文化存在借助文化的精神内核对个体行为、品性和意识的浸润塑造，促使个体人格、行为品性契合了社会交往和自身人性的发展要求，具备文化人和社会人的双重属性。

2. 价值取向

文化在相互交流的过程中相互融合、渗透包容，对社会主体形成了智育、德育的综合合力，培育个体树立核心价值观，提升个体能力和德性素质的全面发展。思政教育和中华优秀传统文化以和谐包容的方式凝结出核心价值观以及体系化的思想理念，对社会成员加以持续性作用，继而培育出满足社会发展需求、德智体美劳全面发展的"人"。而这一过程提高了主体辨别文化、协调矛盾、人际交流的能力，改变了人最初的文化存在形态，具备了"化人""育人"的双重实质。

人在认知文化的过程中不断吸收文化精髓、掌握思维方式和评价标准，文化的学习改变了个体认知的能力和方式，影响了个体为人处世的行为和态度，提高了其想象、分析、判断、归纳的理性逻辑。或者说，主体在理解文化存在的过程中会面对多样的文化形态，逐渐形成了多维分析、理性选择、包容共鉴的意识习惯，从文化领域延伸到个体自身，这种协调意识促使主体正确看待人际差异、荣辱得失，培育个体树立了正确的价值观念。

综上，思政教育和中华优秀传统文化同为社会主体存在和促进发展的实践形式，由人产生又塑造着更为全面的人。个体在自为的文化存在的长期影响下，自觉地用文化内核去评价外在行为，用价值理念、思维意识等形态进行心理建构，将文化价值彻底内化于个体，养成了贴合文化价值的道德行为，培育出全面发展的"人"，实现了以人化文、以文化人在育人目标上的共向统一和价值旨归。

第二节　中华优秀传统文化浸润高校思政教育的内在逻辑

一、传统文化浸润高校思政教育的现实要求

（一）同根互动的融合需求

1. 同源基因要求文化浸润传承

思政教育凝结着民族精神和时代精神，同中华优秀传统文化保持着同生同源的紧密关系，其间存在爱国主义精神、担当精神、开拓创新、实干精神等文化基因，共同支撑着社会主体的精神信仰，成为两者文化浸润的共生基础。

（1）爱国主义是贯穿于民族精神的根本性基因，决定了文化形态的民族属性。自秦始皇打造出多民族统一这一基本版图后，我国任何时期的统治阶级都将国家作为治理整体，将民族精神作为联结民众的内在情感根系，深深地影响着个体的思想意识。

（2）开拓进取、海纳百川的文化精神成为中华优秀传统文化浸润思政教育浸润融合的创新基因。当前思政教育在和而不同、兼收并蓄的传统文化观念的基础上借鉴国外的品格教育、公民教育，开拓育人新思路，主动地剔除传统文化中落后的腐朽因素，为文化精神增添了时代感和适应性。

可见，中华优秀传统文化持续性涵化思政教育内在的文化指向，对社会主体加以担当意识、爱国教育和创新意识的引导，正是爱国主义、创新精神等文化基因融入文化继承发展、促使两者情感共鸣、精神契合的浸润要求。

2. 文化教化要求融合环境合力

思政教育文化本身具有整体性，是教育环境、资源、手段和教育主体双方间的统一体，其间同中华优秀传统文化这一文化根源联结了多种文化关系，要求两者在家庭教化、学校教育和社会环境中共同构建一个合作性的教育场域，为两者进一步深化融合创造互动环境以便充分发挥着"文化育人"的功效。

（1）经由文化知识的文本性感知、道德行为的实践性养成以及价值观念的内化性熏陶的阶次递进，思政教育"树人"以及中华优秀传统文化"立德"两者使命的深化互通，学校教育成为中华优秀传统文化和思政教育渗透融合最为直接的教化环境，发展为"以文化人"价值功效得以发挥的浸润条件。学校教化依托课程不断强化个体系统的文化认知和行为惯性，为文化要素的内化外显以及个体自律与他律两者的统一创造环境，进而联系起知识传授、文化熏陶和人性生成多个层面，切实推进化育的实践化和生活化。

此外，社会文化转型过程中育人功能从家庭延伸到学校，更为专业地承担起启蒙任务，学校机构的成熟化意味着教育由浅层的生存方式转变为文化生存状态，事实上，学校教育出于"育人"的目的而存在。学校首先把抽象理论进行传授而让学生基本掌握文化知识，以具体的文化情境加以渗透、熏陶深化学生的情感认同，用教化、监管和引导的方式将德性文化渗透到学校德育的整体环节中，形成传统的德性文化同思政教育文化的多元统一、浸润融合进而养成文化践行习惯，真正体现"以文化人"。

（2）在社会群体的分层互动中各种文化群体相互影响，多方文化相互渗透、整合、创新，都需要优秀传统文化与思政教育浸润融合，形成文化合作的现实场域。社会公共文化具有化育功能的普适性，为两者文化塑立价值认同。社会文化以核心价值为中心、借由社会互动、宣传、教育等方式强化公民对主流文化的认知，凝结成公共价值认同来促使人成为具有公共性的文化存在。

正如我国的社会文化作为基于传统文化的道德指向、社交原则和身份定位的"立德性"文化，时刻以普适性的社会主义核心价值观处理着个体与集体之间的利益关系，以化育方式实现异质意识形态的协调整合，强调利益的同时关注公共道德，在协调价值观念的过程中塑造共性文化下的公共人格，以此推动思政教育在社交行为、价值观念这一文化场域契合中华优秀传统文化内在精神。

另外，社会公共文化具有理性辩证的反思性，将道德规范的原则性和为人处世的灵活性密切结合，辩证看待人生过程中的得与失，并且通过思政教育的训育作用增强问题意识、批判意识和过程意识，正确评价现有问题、个人、社会发展，为优秀传统文化有效浸润思政教育提供扬弃意识，保障了文化浸润的发展性。

3. 资源共享推动文化自发耦合

中华优秀传统文化传承延绵数千年早已凝结诸多先祖智慧、伦理道德和审美价值等文化资源，加之思政教育"立德树人"的育人使命恰好同中华传统文化的教化功能相契合，两者在教育方法、德育资源等层面构成了互鉴共赏的共享环境，为思政教育实现立德树人储备道德力量。中华传统文化将道德作为立根之本，上及天子下至百姓都要提高自身的德行修养，将仁义道德视为安身立命的准则。为当今个体理想人格的塑造以及德性人格的培育提供资源助力，促进思政教育立德树人的文化实践，并实现传统文化价值的现代转化，两者形成对社会主体加以育人合力的共享环境以及共进互促的发展关系，满足了异质文化浸润融合的互动需求。

（二）精神传承的具化要求

1. 文化传承需要优秀价值导向

"思政课是立德树人、培根铸魂的课程，其根本指向与中华优秀传统文化弘扬的高尚道德情操具有共通的取向。"[①] 社会主义核心价值体系中除意识形态性之外亦有着鲜明的传统道德观痕迹，中华优秀传统文化为其提供基本的文化格局和价值引领，指明了思政教育的育人重点。

传统文化中的爱国、大公无私、遵纪守法、博爱友善等价值要义为社会主义核心价值观的内化外显、社会个体对国家、社会和个人层面的道德认同奠定了文化基础，有效地强化了传统道德认知与现代道德实践的辩证统一，推进社会民众在道德行为、社会利益上的

---

① 官小波. 浅谈中华优秀传统文化与思政 [J]. 南北桥，2023 (4)：163.

取向趋同以及促使中华优秀传统文化和思政教育文化在价值诉求、道德原则上形成共识。传统文化会在其传播、创新、发展的过程中影响其他文化存在，形成特有的民族性格、文化心理、文化自觉与文化自信，是维系异质文化融会贯通的重要文化脉系，若共有的文化根基消失，国家、民族就会丧失固有的文化积淀陷入困境，难以发挥文化软实力的特有功效，不利于社会的整体发展。这就亟须核心价值导向引领文化存在不断适应多变的文化环境，生成符合时代价值取向的新生形态。

当下社会治理现代化、经济全球化、区域经济一体化的趋势日益明显，社会个体的价值观从传统的儒学德性转变为现代的科学理性，由传统"家天下"的宗法意识转换为现代民族的国家意识，公平法治的社会治理观念代替了君权至上的封建专制，一元化的主流意识受到多元文化的强烈冲击，自然要求传统文化精髓作为文化源泉时刻为思政教育提供精神支撑、价值取向，要求思政教育文化立足传统文化根基，结合时代需求来反思传统文化，对教学加以时代创新和内容拓展，实现中华优秀传统文化的现代转型。

故而，促使社会主体自觉遵循共性认同的社会规范，按照角色要求有序、自主地参与政治、社会、文化各领域的互动，促进个体的社会化成为思政教育感悟传统文化价值精髓，增强文化认同的内在要求。

2. 文化个性要求相近塑造氛围

人的个性塑造与单独的个体背景和多元的文化交融。社会主体在异质文化的渗透熏陶下，基于喜好、经历、文化等差异，表现出个体不同的心理特征、人格倾向和行为方式，会形成气质、性格、思维存有差异的个性。

中华民族凭借地域、历史、文化、价值取向和生活方式的相似性使得社会成员、异质文化逐渐融合，形成了群体认同、自觉意识、独特风格的民族文化，社会个体在相近的社会环境、文化氛围和历史传统的背景下逐渐强化社会主体的群体性、社会人格整体性和相似性，进而表现出稳固的文化性格特征，塑造出极具民族、文化特色的人格个性、思维特征和表达方式。长期以来中华民族将"刚毅、近仁"的儒家思想作为文化之根，我国国民在其影响下对"君子品性""爱国主义""崇荣知耻"等道德标尺存有高度的认可度，并以自主自觉的行为践行原有文化共识中的价值标准，内化成个体理应如此的文化认知，继而形成具有代表性的民族性格，具态到个体则表现出独特的文化个性。

一个民族的文化心理是民族历史背景的内化和种族观念的心理沉淀，亦是族群文化符号经长期实践而在内部传递、整合、固化形成的心理过程，具备相对稳定的思维特征，规范着群体的行为进而延伸为文化认同的基因。文化认知和社会实践两者的统一促使社会主体对文化的具身感知，联系到中华优秀传统文化浸润思政教育，社会核心价值体系得以形成群体性选择、大众化认同和社会性践行的普适性。

中华优秀传统文化和思政教育双重文化的作用，建构出道德观念、价值取向、人生信念一致的心理结构，明确主体角色定位规定的行为准则，强化自我反思进而实现人"和"的内化性发展，生成贴合时代发展的"善"这一传统文化指向的稳固性人格个性。

3. 文化发展亟须创新时代表达

传统文化字面上分为"传"和"统"两个层面，意味着文化存有继承发展的属性，表现在文化，尤其是文化精神、道德价值的时代性和连续性。中华优秀传统文化更以开放性发散思维、稳固的精神内核、坚实的文化认同基础对后世文化，特别是育人文化加以浸润影响，在传统的文化视域下实现文化突破，结合时代主流思想意识生成了贴合新时代育人需求的新型育人文化，推动了文化存在、文化主体和文化内涵的动态发展。

（1）思政教育基于传统的"修身立德"思想发挥创新功能生成了"立德树人"的教育使命，以文化自觉的形式把握文化传统中"德育"和"智育"的本质，实现优秀传统文化的创新发展。具体而言，思政教育将传统文化中"先天下""尊老爱幼""诚实守信""天人合一"等理念同新时代教育理念有机结合，明确实施德育的具体价值指向，在传递主流意识形态的同时关注以德育人、提高主体道德素质的重要性，始终将传统道德内核同主流文化相联系，发挥传统文化的张力作用从而推进文化传承的时代性创新。

（2）思政教育在中华优秀传统文化的持续性浸润下，在文化融合、实践的过程中生成了新生性文化，耦合了两者的内在精神。思政教育是社会主体在文化继承、文化交流、育人实践中不断丰富的精神成果，但相较于中华优秀传统文化的"德育性"，思政教育更侧重于时代问题的"实践性"和主流意识形态的"引领性"功能，在道德文化上不完全相同，价值理念、道德规范和礼仪法制存在诸多差异，导致某些教育理念、育人方式和教育任务间的定位冲突。但文化内在的创新能力推动了异质文化内涵的时代诠释。

现实中思政教育不断内化"不日新者必日退"的理念，积极调整自身文化结构来适应文化话语空间多元化、文化样态复杂化的新形势，在实践中按照事物发展规律、抓住重点建构破解方式，根据现实所需选择传统文化中的优秀因素，为我所用，增强思政教育的文化内涵，使主流意识形态牢牢得以借助中华优秀传统文化的原有基础占领思想"高地"，而中华优秀传统文化又借助思政教育的文化实践增添时代内涵。

故而，思政教育对德育精神、育人文化、道德价值等内容的继承发展不是简单地复制粘贴，而是依据现实环境的差异对其吐故纳新的扬弃过程。在传统文化的历史实践中审视文化价值，选择具有普适性的价值核心和道德原则为吾所用，连同"立德树人"的教学使命实现异质文化生成进化，升华成共有的价值观念、道德原则和理想信念以便在古今文化的融会贯通中提升文化的德育功能。

（三）抵御西方渗透的武器

1. 文化存有求同存异的交流原则

中华优秀传统文化以其道德内核持续浸润思政教育，而思政教育凭借主流意识形态的主线属性，在异质文化多方的交流中创新中华优秀传统文化的同时，坚持多元存在、一元引领的鲜明指向，求同存异成为树立文化自信的首要前提。

（1）坚守"求同存异"的互动原则，要求异质文化形成相对一致的精神本原，是应对多元冲击、明确文化浸润的价值指向和着力重点。复杂的社会关系生成了多样多元的文化存在、实践方式和思维方式，呈现出各异的价值定位和道德准则，对主流价值观的培育极为不利。我国文化主体通过文化传承、学校教育、社会引导，在多元的文化介质中构筑文化共同体，以较为稳定的精神内核以及优秀文化的化人功能推进个体由自然生存转向文化生存，凸显了共享的文化符号和民族形象，增强了民族认同，树立以"一"为核的文化自信、文化自觉就成了异质文化交流、民族精神时代化、民族文化社会化的内在要求。

（2）求同存异是文化一元性和多元性统一的必然要求，社会主体向文化存在转变的过程亦是社会化和个性化的统一过程。

第一，"一元"是群体性文化中蕴含的价值指向，具有趋同的文化模式、共有价值观念。思想德育教导个体把握基本的思想意识、道德规范和认知技能，凭借类同的教育方法形成稳定的人格特征和文化心理。延伸到社会层面，"一元"强调思政教育所秉承的主流意识导向，在多元文化的交流中明确思政教育的目的性，促使民众接受、认同社会主义核心价值观，在各文化存在共性整合的同时，保证本土文化的稳定性延续。

第二，"多样化"是文化交流的前提条件，即文化选择、文化价值和文化需求的多元性为异质文化互相浸润、渗透、创新、发展提供选择空间和可能性。中华优秀传统文化和思政教育本就存有不同的话语体系和教育内容，两者浸润耦合利用传统文化的传承性维系着思政教育的德育核心，以文化自觉的形式强化思政教育全面育人的功效，实现个体自律与他律、个性化与社会化的协调。

（3）求同存异是中华优秀传统文化浸润思政教育的价值目标。道德文化格局要求一元道德准则引领多样的道德行为，随时匡正触及原则性与底线的越轨行为。社会主体一旦形成了"一元"的道德准则就会凝聚为时期性的价值认同，多元主体就会在核心价值观的指引下做出正向的行为选择，确保思想政治的教育方向、道德行为的价值底线，人才会形成是非善恶的道德观念。

在多变的文化环境中坚定传统的道德精神信仰，以时代主流文化加以引领，推动道德文化的动态发展，强化文化精神的感召力，在道德内核的继承创新中坚守本土文化价值体系，以相近或共同的道德文化实现民族身份认同、民族文化认同与道德行为认同，增强民族自信、文化自信。基于此，在多元文化交流中立足主流文化的意识形态性，坚守一元的道德价值取向，推进异质文化的协同耦合，成为新时代利益取向、道德规范社会群体化的内在要求。

2. 文化自觉引发于本土文化内核

自觉作为自我意识的最高阶段，强调对自我的认知、反思，而文化自觉就是人对文化存在、自身文化定位充分认知、领会核心精神并主动自觉地践行文化存在，诠释文化个体的过程。

（1）文化转型造成的传统文化断裂要求重构具有正向指导意义的传统价值观，要求文化主体立足本土，树立推动传统价值观和现代价值观有机融合的文化自觉。自在的文化存在需要自觉的文化精神加以维系，现代人在多元文化的价值选择中逐渐弱化了对传统道德价值的坚定性，外力的强制约束超过了主体内在的意识推动，缺乏主动践行仁义道德、大公无私、克己复礼等价值核心的自觉性。只有在自觉的主体意识作用下认真反思自我的行为方式和价值体系，自觉地模仿、选择、改进和信守尚存价值的传统文化，内化为"本应如此"的道德自觉，正向的传统价值观才能在多元价值观"混局"中占据重要位置，原本的自在文化形式才能稳固。

（2）自在的文化个体转变为自觉的文化主体的过程中交织着传统与现代文化的碰撞，坚守文化自信，立足本土就成为民族文化得以稳固发展的精神根基。文化转型过程中不可避免地遭受异质文化对本土文化，尤其是传统文化的侵袭，混淆我国固有的道德价值取向而不利于我国社会的良性发展。对此，以民族精神为内核，以共同的文化追求和文化心理、精神品格串联起民族文化共同体，在优秀传统文化的继承创新中整合各个文化要素，通过中华优秀传统文化浸润思政教育来强化对人的道德引导，将正向的传统道德文化所倡导的价值理念辐射到现行的自在文化之中，由内向外地改变社会个体的生活习惯、道德意识，以自觉的方式延续传统文化的道德价值，增强民族的文化自觉以有效抵御多元价值取向下本土文化的弱化危机。

二、传统文化浸润高校思政教育的价值内核

（一）"公"的文化基因表达

中华优秀传统文化孕育着多元丰富的文化基因，深刻影响着国民的精神品格和价值理

念，更为其他文化的存在提供发展的文化根基，其中"天下为公"这一文化精神契合了思政教育"为人""为国"的主流意识定位，牵引着整个教育体系和德育内容的主线。

第一，"公"在新时代首要表现为在主动承担公共责任的过程中实现公共利益，思政教育将"天下为公"的政治理念同社会主义政治相结合，宣扬民主政治，引导良善行为，即"公"这一文化价值蕴含在家国一体的"公利"之中，引领国民为国家、社会贡献一己之力。正如当我国处于民族危难时，各族人民全身心投入到国家独立、民族解放的革命之中，随后又全力开展社会主义现代化建设，将国家繁荣、社会稳定和国民幸福视为个体奋斗的终极目标，"谋公利"成为"大我"这一精神品格的集中表达并熔铸在思政教育体系之中。长征精神、雷锋精神等逐渐成为当代国人的思想共识，塑造着思政教育"为公"的特性，自觉维系家国一体的良性秩序，担负国家发展的重任。

第二，社会主义的本质特征就是共同富裕，即为传统意义上的公天下、利民生。由此，思政教育的"公"更是"公利"上的"公德"，引导主体处理好公利与私利的矛盾，自觉保障他人的合法权益。当前，思政教育结合中华优秀传统文化的相应元素，竭力打造维系我国社会和谐发展的"公德规范"，将社会主义核心价值观作为主体规范自身行为的"最大公约数"，借助系列文化活动，传播优秀传统文化，形成仁爱共济、坚韧豁达、尊老爱幼、崇德弘毅、遵纪守法的社会氛围，时刻引导个体正确协调个人、他人、社会、自然之间的平衡关系；开展家国情怀、社会公德和个人品德等教育活动，完善主体的人格修养，塑造出人心向公、乐于奉献、正心笃志的个体人格，实现社会面向大众的民主和谐、公平法治和自由平等，最终推进中华优秀传统文化浸润思政教育以及达到文化育人的最终目的。

第三，"天下为公"这一责任意识还超越了民族、国家的秩序范围延伸到人类命运共同体，实现"天下大同"，关注人类共同的利益，为全球共同治理预设了价值原则。中国在传统文化的影响下始终秉持和平发展的理念，在对外交往中重视世界"公利"对我国的推动作用，主动承担世界大国的应有责任，积极推动"一带一路""人类命运共同体"等战略理念，推进各层次的合作建设交流平台以促进各国共同繁荣，最终为我国发展创造宽松的、稳定的外部环境。思政教育是政党意识的外显形式和主要的传递途径，在天下为公这一思想的影响下，思政教育工作者积极引导主体树立共同体意识，继而实现全球事务的公众参与，履行"天下"责任，构建"天下"公序。

由此，"天下为公"经历代传承融进了思政教育，以核心价值观、共同体思想等形式彰显着"天下大同"的公利取向，两者由此达成了文化内核上的共性统一。

（二）"礼"的道德规范呈现

"礼"是中华优秀传统文化中占比极大的内容体系，等级分明、长幼有序的"礼制文化"涉及经济、社会、政治和个体交际各个领域，确立了规整严明的行为规范体系，塑造了崇礼恪礼的民族性格，为思政教育发挥道德导向作用、规范主体行为提供了"礼治"资源。

第一，思政教育延续了传统的"礼仪"之道，在职业道德、家庭美德、社会公德和个人品德等多重领域建构起指向清晰的行为规范体系，同法一道维系着社会和谐与稳定。思政教育将外在的道德规范、村规民约以及内隐的伦理道德、情感意识融合在统一的社会治理框架之中并抽象为社会主义核心价值观和具体的行为规范，明确主体行为的应然指向，对主体道德意识和伦理行为加以显性、隐性双重引导，营造正当、良性的道德氛围，使其做出正向的价值选择，进而维持社会稳定发展和长治久安。长此以往，个体合乎礼制要求的行为正是对自身的角色义务的自觉履行，并且在一定程度上关照了他人的合法权利，减少了个体间的利益冲突，促进了人际关系和谐，遵守礼法秩序和践行道德规范自然成为思政教育孕育个体德性重要的教育内容。

第二，中华优秀传统的伦理礼制、礼乐教化塑造了遵守礼教的民族个性，使主体无形之中形成了知礼、明礼的价值观念，同思政教育塑造崇德主体的育人目标达成统一。思政教育将礼文化纳入教育体系，对道德规范、礼学经典等内容加以整合，以社会荣辱观、核心价值观等形式展现仁爱、济贫、中庸、和为贵等礼文化要素的时代意义，通过组织礼仪文化的实践活动、精神宣传促进礼文化的学习内化，对社会主体加以行为规范、思想引导和价值观塑造，形成谦逊有礼、知礼懂礼的品性气质，形成贴合礼这一文化主线的价值观念和行为取向，切实发挥文化教化的育人功能。由此，传统的礼文化同思政教育的德性价值得以契合，思政教育在传统崇德文化中实现了文化内核的时代转化和教化践行。

实际上，国家社会的治理和个体德性的培育不能光靠礼仪规范柔性的意识约束，还得借助强制性法律制度明确行为红线，"礼""法"并不是完全独立的文化个体，准确地说，传统的法律是在"礼"的支配下不断发展的，是伦理道德倡导的社会制度和价值观念的硬性呈现。回溯我国文化传统，儒家伦理思想和礼治文化主导着我国文化的价值取向，浸润在个体德育的方方面面，成为当代思政教育的重要德育资源。由此，中国传统的"礼仪"文化同现行的思政教育在个体的行为规范、道德引导上达成了内核共识，并在"礼"的体制下明确了"法"的育人地位。

(三)"和"的大同目标追求

中华优秀传统文化浸润思政教育的过程中持续性地向外输出自身的和合精神,思政教育则不间断地接受、汲取适应育人需求的合理因素,两者在精神内容、育人指向以及文化内核层面融成了相通的共生性文化共同体,以其道德取向规范着社会主体的行为方式,协调着主体与外物、他人和环境之间的矛盾,实现了主体身心、人际关系、人与社会以及人与自然的和谐大同。

第一,中华优秀传统文化以风俗、节日、古书和家训等形式潜移默化地引导主体重视自我修养、淡化个人得失以达到无我境界并以理论学习、教学引导、环境默化等多种形式融入思政教育文化之中,达成内在要素的耦合后便形成了文化育人的效用合力,影响着职业道德、家庭美德、社会公德和个人品德的教化。对社会个体进行共生性文化的思想渗透、价值引导,推动着新时代的文化主体养成慎独的自我反思精神、宽厚的人性品格进而恰当处理个人问题,促进了文化共识下人自我身心的和谐共生。

第二,和为贵的相处原则推动着人与人之间的人际和谐。人作为社会人在生产生活实践的过程中联结起紧密的社交网络,但又具有意识独立性和社交从众性、个体追利性同社会公益性的矛盾,造成人与人关系的疏远,当今的社会更是如此。中华优秀传统文化将以和为贵的思想观念浸入民族骨血,使民众产生了家和万事兴、和气生财的价值共识,进而引导主体平和地看待利益得失,达成睦邻友好、友善相处的人际关系。思政教育则在中华优秀传统文化原有的道德认知的基础上进行公德、私德和美德的系统教育,不断提高明晰礼义廉耻、明辨黑白曲直和做出正向选择的能力,逐渐培育具备德性人格、德性行为和德性思维的"君子",深化两者在"和"这一内核上的贯通融合,推动人与人的和谐共处。

第三,"家国天下""天人合一"的社会思维推动着人与社会、人与自然的和谐发展。思政教育长期受到中华优秀传统文化中"公天下"的价值浸润,自然而然地将"先天下""法令禁止"等价值内涵赋予时代内涵,融进爱国主义、革命文化、法治教育、道德教育的内容板块之中,在意识形态上促使主体爱国拥党、甘愿奉献、遵纪守法以实现社会的和谐稳定。

此外,人与社会的发展难以脱离生态环境,中华优秀传统文化始终将和谐理念指向生态,发展在传统文化根基上的思政教育亦是关注人与自然的和谐关系,要求人理性看待自然同社会发展、个体需求之间的主客体关系,正视人在自然万物间的相应位置和生态系统相辅相成的自然属性,面对人的资源需求与自然反馈供给之间的差距,要树立可持续发展意识。思政教育还通过政策宣传、宣讲教育等渠道引导社会主体自觉维护生态健康,要求政府合理规划开发项目，树立居安思危的底线意识，制定并完善生态法规、专人监管制度，实现人与自然的和谐共生。

三、传统文化浸润高校思政教育的认知层次

（一）文化浸润的确立起点——认知

认知是人借由语言、观念和知识等介质对文化存在形成概念的认识过程，亦是文化存在刺激人的感官不断促使文化信息加工、整合并反馈的过程。"中华优秀传统文化是中华民族宝贵的精神财富和智慧结晶，蕴含着深厚的思想内涵与文化底蕴。"[①] 思政教育将中华优秀传统文化观念渗进主体文化思维，润物细无声地干预着主体的认知活动、自由意志和价值取向，影响着人对文化存在的性质判断和品性确认，文化认知成为异质文化间感知、认同、践行的逻辑起点。

1. 文化表态可感性是浸润前提

中华优秀传统文化和思政教育作为文化存在需要借助外在的具体样态加以感知，具态的语言以及知识文字则成为文化认知得以构成的核心载体。具体而言，文化主体借用语言获取信息、沟通交流、表达情感，由文字呈现文化存在的具体内容，进而影响主体的认知活动和发展程度，为异质文化在同一主体间得以借鉴、浸润、融合提供认知基础和思维导向，对所处的文化个体形成直观感性认同。

（1）汉字文化营造了一个连接中华民族上下五千年的文化场域，凝聚成辨识度极高的独特文化样态，为文化浸润创造了直观载体。远古先祖将万物生灵概括为一个个方块字使之"固化"，从甲骨文开始就以具态的动作、外形来提取文字要素抽象而成，神话故事、寓言故事、家书家训、族谱村规等文字载体都促使社会主体借由文字感受背后隐藏的劳动文化、祭祀文化和礼仪文化，为我们认知传统文化提供了感官上的刺激，加深了对传统文化、道德规范的理解。

文字作为一种文化符号贯通古今，联络起不同民族、不同地区的社会主体，凝结起对中华民族文化的历史认知，形成了以炎黄子孙、五方之民共天下的身份共识，为异质文化的浸润提供共融的文化心理，无形中牵引着主体树立民族自觉。物化的文化载体、经书祖训等文化形式促使主体树立本为炎黄子孙、归属华夏大地的民族认同感，自觉将中华优秀传统文化内化为自身的思想体系之中。

---

① 彭曦. 中华优秀传统文化与思政教育融合研究 ［J］. 中学政治教学参考，2023 (27)：后插14.

（2）语言具有直接表达主观理解、概括文化精神的便捷性，为指引社会主体对异质文化加以联系、迁移和价值浸润提供了交流条件。人通过语言传递文化，接收信息，以最快捷的方式了解他人已经获得的文化认知，可以直接借鉴、运用他者文化中优秀的思想文化、实践经验和科学成果，将其信息解码重塑内化为自身文化体系的价值要素，为文化浸润提供了具态的认知资源。

2. 认知矛盾的反复是浸润动力

基于人认知能力、文化存在的复杂性以及意识多元的影响，思政教育的内外实施环境、价值导向和育人效果都难以一次落定，主体对文化存在呈现出认知反复的特点，而矛盾的反复解决恰恰推进了思政教育对中华优秀传统文化内外部的深层认知，为借鉴汲取中华优秀传统文化设定了浸润的文体性源头，多类、多元、多维的认知矛盾为培育具有文化品性的思政教育提供了动力源。

（1）中华优秀传统文化和思政教育都是立体的环状，内藏着将感受、认知、情感、内化信息转化为稳定的文化意识的多个子系统运动的纵向过程。在主体经历知情意行后，其产生的不同程度差异会引发文化存在的系统效应，每个个体都是将信息置于自己已有的知识背景之上去解读思政教育，诠释中华优秀传统文化中的相关因素，导致个体从文化认知到行为实践、文化浸润到文化互动的过程中出现关于两者价值标准、文化理解和指导思想的文体性矛盾。传统文化中存在着许多同当代主流意识不相适应的文化要素，单个文化要素的融合矛盾链接着多个认知浸润环节就会聚集为文化矛盾的链状网络。

当前，我国的思政教育在社会转型的多元文化格局中夹杂着多种价值思潮，中华优秀传统文化同思政教育的文化结构、利益关系、价值取向上存有较大的差异，难以避免弱质文化被强势文化所内化的文化定性过程，要使其合为共生文化的过程就需要主体反复地去理解两者存在的内核，解决诸多文化争议，这就要求文化体系内部反复地调整，不断地达到异质文化耦合的平衡，为文化浸润提出了反复磨合、反复涵化直至文化共识的实际要求。

（2）共生性的文化认知、价值认同难以一次性形成，不相协调的现存认知部分势必要在主体持续的认知深化中不断解决，致使异质文化在反复的认知反思中产生多次联系、重复浸润的客观联系，为异质文化的浸润作用提供了主体性动力。主体对文化存在的认知深化是异质文化浸润耦合的必要载体，但思想意识的提高是以教育对象的内部矛盾运动为主导的内部矛盾和外部矛盾交互作用的结果。主体先从感性认知获得了对文化存在的具体印象，再经由思维分析、选择、标识转为抽象的文化符号，直至意识整合将异质文化中的相近元素归纳为同一存在，呈现为具体的意识指向和价值选择。

3. 具身认知的实践是浸润路径

文化认知为主体的思维提供定势引导使其始终从某角度对文化存在进行因素分析、价值评价并根据文化认知过程加以具身实践，以切身感受了解文化本体的价值理念、内在精神、文化心理以及文化模式从而强化主体对此的文化认知，形成具身体验条件下的文化解释路径，为异质文化的浸润提供可感、可信的互通基础。

（1）中华优秀传统文化和思政教育始终将道德体验当作感性认知的重要形式，借助主体接触、践行、体悟文化存在获得的合理内容来构建一定的价值观念、思想情感和行为体验，从而为社会主体合理认知文化存在提供了具体环境。

具态的文化体验又塑造着主体的道德感、责任感和民族自豪感，为思想政治浸润构建了一个感性认同的实景环境。只有社会主体在亲身碰触、了解、传播中华优秀传统文化的过程中切实地感受类似于"舍身忘己""大公无私""精忠报国"等文化的精神内涵，进而才能进行价值迁移，充分理解思政教育中的爱国主义、集体主义、社会责任等教育内容的价值指向并深化为主体自身的行为导向，强化为人的道德行为实践。

（2）具态的文化体验增强了思政教育对中华优秀传统文化的可感性，强化了美育、德育和智育的多重功效。中华优秀传统文化的价值理念、道德规范和审美指向对思政教育的持续性影响，加之优秀的文化资源、深厚的文化氛围为受教育主体营造了一个有着鲜明道德指向和审美原则的文化环境，人在文化体验中自觉地将"天人合一""君子明德"等作为审视人与自然、社会外在呈现的审美标准，引导人在新时代中认清是非、辨明善恶，落实在自身的行为选择之中，进而在道德实践中实现中华优秀传统文化浸润思政教育这一过程。

（二）文化精神的价值内化——认同

认同是认知的深化，思政教育在理论认知、道德判断力、情感认同的格局下将中华优秀传统文化的价值原则纳入个体意识，使个体在价值选择时遵循事实现象、道德行为认知和情感认同的内在道德价值观的指导，在文化认知中感知把控文化整体，再经由行为实践将道德情感上升到道德理性，从情感认同上指认中华优秀传统文化的文化精神，达成不同文化间的价值共融以推动个体的全面成"人"。

1. 局部感知到整体把控

文化认同是人脑经由感知、记忆、注意和想象、思维等一系列心理活动对文化存在加以内化取舍并践行的整体反映，从外在形式的初步认知到内在价值的精神认同这一浸润途中，主体必须对异质文化存有足够的了解和把控，才能快速、有效地整合其中的共性文化，由此，主体对文化存在的局部感知到深层把控成为文化认同的首层浸润阶段。

（1）社会主体从文化符号、文化行为的直观呈现上形成对传统文化初步的局部认知。对于一个民族习俗、或是一个传统民谣，抑或是一个神话故事，主体感受到的是这一文化要素的内在价值，认识是零散的，仍处于感性认识阶段。但这些各式各样的语言、文字和行为文化又是内涵于整个中华文化体系之中的，存有紧密相连的精神主线，长此以往，部分与部分的文化认知被主体加以融合串联，文化精神的把控面得以延伸扩大，便于主体形成文化体系的整体性了解，为异质文化浸润创造了共性基础。

（2）主体对文化精神的价值认同是文化认同最核心的部分，而价值认同发展于个体的内容认可、情感共鸣和文化践行，要经过点滴内化方可具备整体性。个体在长期的文化交往中，在观念上认可中华优秀传统文化中的相关要素，并将这种价值观念作为自身的价值信条加以遵守，借由文化行为给其他主体加以思想引导，诱发其他主体对自身的价值体系进行比较、选择和借鉴，从而对某个文化要素的认同形成了共享链，单个要素链接为部分框架，直至认同整个优秀传统文化体系。思政教育在主体认同的前提下可以加速调适自身的文化价值结构和内容体系来适应社会主流价值观，进而实现社会主义核心价值观和中华优秀传统价值观的耦合浸润。

2. 感性认知到理性逻辑

思政教育以感性的文化认知初步认同中华优秀传统文化中的相关精神，并在文化价值的践行实践中促使主体获得了判定善恶、评价是非的情感体验和选择标准，而这一评判过程又将文化浅层认知上升为深层的理性反思，实现了文化浸润从浅层认知向深层认同的思维转变。

（1）文化的理性精神塑造出独立的文化人格，以辨析的思维审视文化、扬长避短、明确"有所为"和"有所不为"，促成文化主体实现感性认知向理性反思的跨越。思政教育引导主体形成理性分析的思维，借概念、判断、逻辑、推理等方式认识文化内在的客观规律，通过文化现象深入理解、反思中华优秀传统文化的时代适用性，在文化理性的匡正下重新定位文化存在的现实意义。

思政教育始终以社会主义核心价值观认同作为意识认同的重要内容，试图以完整的理论体系来规范、明确个体的动态认知，将中华优秀传统文化中抽象的价值观念内化为社会成员具态的价值取向，进而塑造社会整体性认同。即社会个体先是对社会主义核心价值观理论实践加以直观评价，自觉或不自觉地将自身行为与之对照、整合将之纳为行为准则并不断固化，再运用原有的认知基础、判断能力来理性认知价值取向对合乎社会主流的价值理念给予确认，重构自己的价值体系。这一过程离不开主体对社会主义核心价值观的认知、判定和理性内化，同时又和中华优秀传统文化相互借鉴、融合创新，故而主体借此实现了思政教育与中华优秀传统文化感性认知向理性阶段的升华。

（2）思政教育通过对传统文化表征的描述性认知来整合各主体的原有经验，抽象出价值核心和行为标准，对社会主体的文化行为加以具态引导，文化浸润由此实现认知到实践的本质转化，文化育人的价值预设最终获得实践性意义。社会主体以理性逻辑的方式理解文化存在，理性辩证需要分析中华优秀传统文化对思政教育的现代性价值，以自觉、自主的方式催生出文化理性来推进社会主流价值观的内化，加速了文化体之间价值内化的互动过程。

当前思政教育积极借鉴中华优秀传统文化的价值原则做好"小我"和"大我"的调适，理性看待新时代条件下集体主义原则，在明确自身教育目标和文化定位后，以信仰理想、道德原则和价值取向来调节、支配人的行为，彰显新时代的个体德性，映示优秀传统文化的存在价值。具体来说，就是主体先形成感性的文化认识，然后进行总结归纳使之变成抽象的价值规定，再以思维逻辑为途径再现为具体的教育内容，借由思政教育的多样形态将思政教育认知具体化，使受教育者成为意识抽象和行为具体相统一的"人"，其中抽象到具体的反复认知就是认知理性对思政教育和中华优秀传统文化共性价值指认的过程，而这一过程又是思政教育对中华优秀传统文化初步认知、分析总结、理性选择、认同践行等阶段的具态展现。

思政教育文化经主体对中华优秀传统文化的初步感知以及一定的联想、模仿和心理暗示等理性作用而有选择性地继承其中的精神信仰、化人方式和道德指向，又结合新时代的主流意识加以创新，促使文化受众形成文化心理趋同，以两者共性的文化基因为支点构建出特定的文化育人模式，实现了文化受众具身体验、感性认知到理性内化的阶段飞跃，更使某些文化特质在选择、判断、反思的理性过程中内化为民族型的文化人格和文化心理，强化了以文化人的育人功能，实现两者间颇具发展性、协调性的理性浸润。

（三）文化内涵的互为耦合——浸润

基于文化受众感性、理性的综合认知，思政教育和中华优秀传统文化形成了互通的文化价值，思政教育更是顺应传统文化的价值方向结合主流意识形态的主导性，调整了社会主义荣辱观、核心价值观以及道德实践等内容的表达呈现，实现了两者在新时代的耦合互动，文化浸润得以实现。

1. 社会主义核心价值观的呈现

中华优秀传统文化在文化践行中将内省克己、省察自身、改过迁善、大公无私等价值观念上升为系统的核心价值观，对社会主体加以持续性作用，形成了共有的价值观念、趋同的价值选择、正向的行为准则。我国在传统道德文化基础上从国家形象、制度精神多个层面规范社会行为，明确了具体的价值观念，凝结为强调个人、社会和谐发展的社会主义核心价值观，满足社会主义本质的时代要求，展现了两者的共性样态，进一步推进内核浸润。

（1）基于社会主义的社会属性和核心价值观的价值属性，思政教育加大了对社会行为规范、群体组织协调和共性价值观念的比重，引导受教育者在相近的文化情境中形成相通的认知思维和相似的文化人格，将社会主义核心价值体系内化为人的内在信念，进而审视现实不足并寻求理想化的发展状态。

（2）思政教育遵循中华优秀传统文化的内在价值精神，拓展了社会公德和个体私德的内容体系，借由社会主义核心价值体系从国家、社会和个人三层次处理好个人与他人、集体的价值关系以及物质和精神的多重诉求，对社会主体的价值取向和道德精神进行引领匡正，明确其在新时代条件下的道德定位并认同、内化、恪守价值规范。思政教育将"爱国""敬业""友善"等内容纳入教育体系，在政治意义基础上强调其内在的文化意义的教学要求，深化了"慎独""仁义""忠良"等传统内核。在文化的价值导向下确立了同社会主义制度相适应的道德规范，在核心价值指向和价值实践的结合中，引导人认知、内化并践行社会主义核心价值观。

2. 道德行为模范评选的立德指向

中华优秀传统文化和思政教育文化在长期的文化浸润过程中形成了相近的价值旨归、育人手段，"君子"德性已成为文化育人的核心指向。传统思想为思政教育提供了德育范式，在社会主义核心价值观的"一元"取向下利用榜样示范、模范表彰等育人手段凸显文化自身的立德性指向，进而实现传统道德文化指引下主体德行的社会化。

（1）中华优秀传统文化与思政教育借助道德模范、榜样示范直观地展现德性文化、德性人格和德性指向，促使主体认知、模仿、内化道德文化的核心价值，符合主体文化认同和精神内化的认知规律，促使文化浸润在德性指向上趋于统一。中华美德借助家训家书、成语故事、立碑篆书、立坊裱字等形式对民众进行潜移默化的价值趋同，鼓励社会主体效仿前人以提升自身的道德素质，尤其是在传统社会，真人事迹的口口相传、榜样示范更贴近社会群体的生活。

随着人际交往、社会圈层的发展，现代社会逐渐从原始的熟人社会转向生人社会，传统的伦理规范更是发展为体系化的道德规范体系。道德模范选举、精神文明建设以及传统文化的大量宣传都深化了社会主体对新时代道德规范的理性认知，再结合真人真事等接地气的榜样带动和行为示范，使得道德价值进一步具态化的同时又加速了主体完成对道德规范感性认识、理性认知和情感认同的过程。

（2）知行合一是道德文化价值获得实践价值的必经途径和最终指向，道德模范和榜样示范的思想政治教育途径使中华优秀传统文化能够以具体的、实践的样态融入思政教育并发挥育人实效。个体在熟知、认同基本的道德思想和德行规范的基础上，通过德育引导、德行示范和舆论宣传多种因素塑造自觉实施德行的坚定信念和善行习惯，主动效仿"道德模范"整改、约束自身不良行为进而形成相对稳固的德性人格、德化心理以及常态的道德行为。当前，思政教育极力地开展大型的、多样、多领域的道德模范评选、榜样表彰等活动，动员社会成员以此为样板加以践行，将道德模范行为抽象为社会共性的德性目标。

第三节　中华优秀传统文化浸润高校思政教育的路径探索

一、明确文化浸润品性定位，复归以文化人的本质属性

（一）推动政治性与育人性的耦合

基于教育育人的本性，中华优秀传统文化和思政教育文化都存有"化人"的品性定位。中国教育现代化的优先任务是摆脱人身依附式的奴化教育与不把人当作人的物化教育，培育理性而自由的健全主体，贴合了以文化人作为其内生属性将培育全面发展的"人"视为文化存在的重要目标指向。故此，在优秀传统文化对思政教育浸润的过程中必须要转变对受教育者的审视方式，彰显其自觉、自主的主体地位，而不能过度地强调意识形态的政治属性，要积极推动政治性和育人性的耦合发展，保障两者浸润路径的正确方向。

第一，明确个体的主体地位和价值旨归，使文化存在实现对主体的本质确认而不是过度地强调社会功能和政治属性，指向文化育人。人的主体性是自我意识的能动性以及建立在这种意识之上的认识和实践能力。对此，一方面，思政教育要明确自身做"人"的教育这一文化定位，在内容体系、化人方法和教育环体上都要遵循人的认知和发展规律，将人

自我价值的实现、独立个性的塑造、自我潜能的挖掘等作为文化存在相互浸润、耦合、发力的最终目标；另一方面，有选择性地引用优秀传统文化中的相关元素来支持思政教育文化的化人功能，反之也要以化育为指向进行价值浸润，形成育人共识。

具体而言，就是将中华优秀传统文化中的爱国主义、仁义道德、淳厚朴实、博爱宽容等价值导向融进思政教育精神体系来促使个体形成判别是非善恶的取向标准，并通过思政教育这一过程整合为指导整个社会群体的行为举止、理想信念和道德取向，对主体德性、德智和德行多个层面加以共性培养，在正向的文化环境、文化体系和文化氛围中强化修身养性以成君子的育人定位，最终使人实现自身发展而非仅仅依附于社会生存。

第二，处理好文化存在培育个体稳定人格与推动社会整体发展的相辅关系，统筹文化育人和社会发展两大目标，凝聚共同的核心价值观对个体加以引导以实现个体发展基础上的社会稳定，耦合文化浸润的政治属性和育人品性。一方面，思政教育应将中华优秀传统文化中适应时代需求的文化精神同自身的伦理指向、思想内容、理论逻辑加以融合，共同依托于社会主义核心价值观对社会主体加以文化浸润和思想引导，在义利的适度平衡中推动了个体合法权益和社会责任的统一；另一方面，思政教育要在文化精神的浸润下发挥教育德化对人行为的规范作用，实现个体德育同社会治理的协调发展。个体经由优秀传统文化和思政教育的双重教化，形成相对稳定的民族德性和行为共识，树立以义导利、公私结合的价值观念来实现个人需求和国家发展的和谐统一。

由此，社会主体经文化教化既提高了个人素质，又以个人品性为轴心规范了个体的价值行为，促进了整个社会的良性运转，文化育人和文化治理双重属性得以在同一载体上加以展现，政治属性同育人属性不断耦合，中华优秀传统文化便得以深度浸润思政教育。

（二）加速工具性与人文性的融合

当前的思政教育以社会需求为指向，加大了对"社会人"的培养力度，但却忽略了自身作为文化存在而内生的"育人性"，使得中华优秀传统文化浸润思政教育的过程体现出工具性。在这种工具理性的影响下，两者浸润亦忽略了人的自由个性和价值理性。由此，要想切实发挥"以文化人"的固有本性，就要明确两者浸润的目标定位，在肯定政治工具性的同时明确人文性价值。

第一，在实施文化教化的过程中正视文化实体的工具属性，要将文化存在作为"化人"的手段来满足主体的生存、发展，主动地将中华优秀传统文化中的道德精神、价值取向和文化内涵渗透到思政教育之中构成相互融合的价值共同体，双管齐下，在政治导向的基础上传递传统文化精神并指明思想政治德育的价值取向，以推动个体在中华优秀传统文化和社会主义核心价值观等文化存在作用下的全面发展。

现实中，思政教育应当针对个体的精神需求和社会的发展需要有针对性地选择相应的内容、方法对社会主体加以持续性化育，或是连同其他文化存在营造出育人环境引导社会主体同文化形成双向互动格局，发挥文化存在的工具性，进而提高主体的思想意识、道德水平和知识能力而体现文化存在的人文性。

第二，中华优秀传统文化浸润思政教育的过程中，社会主体理性运用文化工具的同时要注重以文育人的人文关怀，借助文化教育来加强社会个体人格品性和行事能力的整体提升。中华优秀传统文化和思政教育中含有许多对社会主体的正向发展有利的文化要素，涵化着个体的思想意识和内在精神，促使其实现自身存在的发展。例如，主体通过课堂教育、文化活动以及实践调研等多种形式的文化实践获得了人对中华优秀传统文化的对象化认识，构建相应的知识体系、价值体系和规范体系，而这些内容反过来浸润到个体的存在场域之中，通过内隐和外显的手段完善社会主体的思想认识、精神世界和价值取向的发展。经由主体的文化内化而提高个体自我匡正行为、自我监督教育的能力。由此，社会主体在文化存在这一载体工具的作用下形成了相应的知识体系、道德人格与行为意识，为其发展为自由、自觉、全面的人提供充足条件和内在动力。

第三，加速文化存在的工具性和人文化的融合要在整个文化体系中及时关注社会主体差异，根据社会群体多元化的文化需求进行相应的文化实践，进而避免个体人格的"流水线"生产，在人的本性确认上切实发挥以文化人的工具性功能。人在缔结各类社会关系的同时时刻表达着自我的文化精神诉求，会产生个体生活环境、认知水平和人格气质的差异，使得各个社会主体对同一文化存在的理解不同，构成了差异化的文化定位格局，由此表现出的文化实践行为也就大不相同。对此，思想政治教育内容要在加强个体对中华优秀传统文化核心价值的统一性理解和道德认知的同时，关注个体自处的社会环境，引导其明确自身的角色义务和行为责任，在最大范围内谋求同个体相契合的文化认同、价值观念和行为准则。

在整个融合浸润的过程中实现教育理念和文化存在的互动拓展，推进思政教育同传统文化存在之间价值诉求的和谐统一，培养个体社会能力的同时实现个性化人格，实现工具性的社会目标与育人性的化人目标的相互融合。

二、遵循文化浸润认同体系，凝聚以文化人的多方合力

（一）学校层面，强制和引导共生

1. 知识性灌输与价值性渗透相结合

异质文化的浸润包含文化内涵和精神价值的融合渗透，需要注重知识性灌输与价值性渗透相结合的浸润方法，形成浸润合力，强化异质文化的浸润能力。单向启发的文化灌输以最为直接的方式让受教育主体接受知识内容，树立理应树立的价值理念，接受优秀传统文化，为其浸润思政教育提供群众认知基础，能够较快地在思政教育过程中同优秀传统文化形成文化联系，从而构成文化迁移和价值共识。

文化浸润不能只用灌输一种方法，否则就会忽略教育双方互动交流的重要性，无法保障受教育主体对文化内容的内化和深层理解，同一化的内容灌输忽略个体的差异性而削弱了文化对其的影响，浸润效果自会大打折扣。由此，两者的浸润更需要关注异质文化间共同价值的渗透，将受教育主体视为主体性的"人"，将优秀的传统文化内核融入思政教育各个层面，涵化主体的思想观念，文化价值性渗透的教育方式要尊重个体的个性差异，因材施教，将优秀传统文化中的价值观念、道德观点和文化精神耦合成两者共有的价值信念、行为方式，以优秀传统文化的文化底蕴滋养社会主体的文化认同力、凝聚力，促进"以人为本"的传统教育理念浸润到现有的思政教育文化之中，从工具理性回复到育人价值。

2. 制度性保障和引导性教育相结合

中华优秀传统文化浸润思政教育要做好制度性保障和引导性教育的双向合作，内化文化精神和文化价值以指导社会主体的道德行为。对此，学校要制定体系化的教育制度，规定思政教育内容中传统文化的相应部分，用文字的形式将两者糅合在一起，形成规定性的文化共同体，并且在学校文化的营造上将两者的浸润形式加以固定，宣扬中华优秀传统文化与思政教育的多样结合，在制度体系、行事规范上推进中华优秀传统文化进校园。

此外，思政教育具有现实指向性，要求在制度层面落实三全育人的政策方针，实现生活化的教育要求，故而明确优秀文化的生活化表达亦成为文化浸润的内在规定。思政教育要在现实的问题导向下将中华优秀传统文化中的生活教育纳入自身的学习范围，从个人的生活体验入手反映个体的文化需要，自觉地联系文化存在本身，从优秀的传统文化顺延到思政教育文化，以个体自身经历强化文化存在的感染力来整合异质文化的内在价值，进而

实现从自下而上的教育方式向横向渗透的文化浸润体系，用规范化、制度化推进两者浸润。外在的强制约束比不上内在的自我认同，中华优秀传统文化浸润思政教育亦要关注到社会主体对两者存在的内化需求。

（二）社会层面，显性和隐性共存

人在文化存在价值目标确定的过程中实现其文化价值，并不断契合社会化进程中主流的价值取向和社会要求，一种价值观要真正发挥作用就必须融入社会生活，让人们在实践中感知它，由此作为实现社会主体自由全面发展的思政教育要充分运用社会的显性因素和隐形资源来促进人对文化存在的认知，通过主体对中华优秀传统文化内在价值的感悟认知，促进其自我意识的提升和个性人格的完善，进而使思政教育的育人实际能够满足社会期望，引导主体自觉遵循社会道德，在注重智育的同时获得"人"的"德性"。

第一，基于文化存在的价值定向，中华优秀传统文化浸润思政教育要彰显文化存在的价值属性，明确道德认知和文化精神的定位。思政教育要将自身置于文化整体范畴，采纳中华优秀传统文化的合理要素以形成直观的"应然"格局，明确应该"浸润什么"的目标指向，以公示的形式指明中华优秀传统文化与思政教育文化间的理想化浸润目标。实际上，理想化的价值目标始终要以显性的形式表现出来，设定出清晰的文化浸润模式来促进异质文化的相互渗透。

第二，中华优秀传统文化可以通过文化活动、传媒传播等方式作为传递两者共性文化的主要显性途径，增强其浸润作用，并扩大优秀价值体系的影响范围，促使两者文化共生体上升为社会显性文化。当前，我国极为重视中华优秀传统文化的传承发展，极力推进社会主流文化同传统文化的正向结合，思政教育文化中的传统元素日益增加，两者的显性渗透日渐凸显。

第三，中华优秀传统文化和思政教育都不是抽象的符号累积而是处于生成、发展状态的具体实践，两者浸润需纳入现实的实践活动，用具态、显性的形式分析文化存在、文化体特征和价值旨趣，借由显性的外在活动给人以内在的感性认知，理解中华优秀传统文化的内在本质和核心精神，并依靠群众的认同濡化、浸润思政教育这一文化存在，使之具有原有的传统品性，即道德性和育人性特质。

第四，显性浸润是外在的文化渗透形态，而隐性的文化氛围潜移默化地对异质文化的存在方式、内在精神和话语表达进行濡化，使之显现出共性的思维逻辑和文化形式。社会主体可以举办弘扬传统文化的系列活动，布置社会德育的化人场景来充分营造富含中华优秀传统文化元素的文化氛围，进而为思政教育创造浸润环境。

（三）个人层面，内化和外化共举

异质文化间的浸润表面上是将一方文化的内在精神映射、迁移到另一文化存在，但无论如何都离不开文化存在自身的内在耦合，也只有经由社会主体内化、接受和整合的文化才能在文化浸润的过程中形成共生性的文化信仰，进而被个体共同了解、加以践行。在此，在个人层面推进中华优秀传统文化浸润思政教育就要深化个体对文化存在理解的程度，强调社会主体对共生性文化的内化和行为践行。

第一，思政教育要提炼德育内容、文化精神，引导个体联系生产生活实践具态地理解文化现象进而自愿接受其中的价值取向、精神核心和道德标准，促使思政教育由单一的文化认知、文化传递向文化内化和文化践行转变。同一范畴的文化孕育着相近的主体认知，培育出内在核心相近的文化共同体，才能将中华优秀传统文化的合理部分纳入自身的文化体系，才能将传统的文化精神、文化信仰和价值取向转化为共性的引领，凸显教育对现实的文化话语权，增强中华优秀传统文化浸润思政教育的力度。

第二，思政教育应避免外来意识的恶意渗透和刻意解读，要根据本土文化的独特性深化对共产主义的理解，增强其民族性、时代感和科学性。市场经济的运行环境下人逐渐"物化"，弱化了人对文化的精神依赖，思政教育倒向"社会化"的应需倾向，文化育人的初始价值日渐淡化。故此在教育内容上要在市场经济导向下明确内化的文化内容、价值核心和道德标准，将抽象的文化精神外显为具体的处世法则，以此指导社会主体的行为。

第三，中华优秀传统文化浸润思政教育要进一步明晰两者浸润后的文化价值诉求和文化定位。思政教育要将本体置于中华优秀传统文化之中，选取其间的合理因素调整自身的文化定位并以文化共同体框架下的文化模式为基准规定社会主体应有的社会选择和行为准则，进而实现文化角色与社会角色的内外统一。思政教育引导社会主体汲取优秀的公德精神、自觉遵循优秀的道德规范、树立鲜明的理想人格以实现文化对个体的角色期待、人性塑造和修养提升。

三、增设文化浸润耦合载体，强化以文化人的异质融合

（一）拓展载体的多样化形式

1. 拓展文化浸润载体的多维化途径

根据文化存在、文化对象和文化价值的差别，确定不同的载体形式，以促进中华优秀传统文化深度浸润思政教育。通过创建直接的文化感知环境让思政教育工作者认知、感触

传统文化，再以面对面交流、网络沟通和实地调研等方式传递给社会主体，实现主体认知、情感与行为的多重结合。

（1）通过文字、语言、肢体动作等直面化的沟通形式促使社会主体充分结合文化直观性、情境性和现实性的特征对文化本体加以认知，再举办相关性的研讨论坛、会议集会以及论文征集等活动，丰富浸润载体的表达形式以传递文化内容、彰显文化精神，进而加速推进思政教育对中华优秀传统文化的感知、理解，实现两者文化功能、文化形式和文化精神的耦合。

（2）两者的浸润不仅作用于直观的文化表达，还积存在多样的文化活动和文化场地之中，中华传统文化可以借助大众传播、精神文明创建以及图书馆、博物馆、艺术馆等文化载体传递传统的文化精神，对思政教育加以文化影响。文化主体要根据文化对象、文化目标和文化情境加以选择、灵活运用，从而构建起静态文物和动态文化全方位的浸润环境以推进思政教育对中华优秀传统文化的吸收借鉴。

2. 融合现实与虚拟载体的互补性优势

文化载体具有现实性和虚拟性多重样态，中华优秀传统文化要综合利用现实载体和虚拟载体的互补性优势，注重文化情境育人的同时加强媒体互动传播，以文化互动来模糊思政教育对中华优秀传统文化的异质阻碍，在社会主体认同基础上强化中华优秀传统文化浸润思政教育，扩大文化浸润的辐射面和渗透力度。

思政教育要紧贴需求以瞄准文化载体的价值指向，一方面，汲取优秀的传统道德文化来充实社会主义核心价值观，并以社会主义核心价值观作为具态的思想载体对主体加以引导教育以促使人全面自由发展；另一方面，注重中华优秀传统文化和社会主流意识形态的媒介传播，利用网络媒介来扩大主体与主体间、文化与文化间的联系，有目的、有组织地将优秀的道德文化融入思想道德教育的实践过程，形成两者互动、反馈的连接纽带，最终凝结成文化育人的文化合力。

信息化时代，虚拟技术作为文化存在的新型方式改变了文化浸润的路径选择，文化浸润从单一的现实载体转换为现实性与虚拟性的结合体，现实与虚拟的互动打造出文化浸润的多维空间和多样形态。对此，中华优秀传统文化必须在传统的单向传递、文化灌输的同时发挥虚拟网络的传播优势，加强文化精神的交互传播，将中华优秀传统文化浸润思政教育的载体从现实载体拓展到虚拟载体，创新思政教育方式，拓展文化载体的多样形态，在浸润载体的功能互补的前提下拓展中华优秀传统文化浸润思想道德教育的影响深度。

（二）注重载体的全面性辐射

辐射就其原始意义而言，是指本体从中心向四周延伸、影响其他物质，多是电磁波等粒子经介质载体向各方传播的过程。在此意义上，中华优秀传统文化浸润思政教育的文化载体具备了文化价值和社会意义，具备了文化的价值指向性，其辐射性即指文化产品、文化活动和文化场地等载体将隐性的文化价值转为显性的文化实体进而对其他实体加以影响、渗透的传播过程。由此可见，文化辐射从内至外地对他者文化产生持续性作用，为了更好地实现中华优秀传统文化浸润思政教育的作用，就要结合隐形、显性各方元素连接起两者存在的共性价值，构成全过程、全方位的浸润体系来增强载体辐射的全面性。

1. 全过程浸润

现实世界中社会主体具有"草根"文化和"精英"文化这一鲜明的文化分层，浸润载体要全面把握文化存在的内在核心和价值旨归，紧密联系异质文化间的共性文化以构建全社会的文化认同，促进文化之间、主体之间的互动，实现载体辐射的全民性。文化辐射的全面性要覆盖到不同的文化分层，将文化浸润到社会各群体之间，为思政教育接收中华优秀传统文化相关因素奠定群众认同基础。

中华优秀传统文化可以广泛运用道德模范评选等形式在全社会内加以宣传、推广，为全社会、全员构建文化使命感和道德责任感的文化环境，使"立言、立德、立行"的理想品格贯穿在社会各领域，联系生产生活实际加强思政教育对道德品格的引导，将生产生活拓展为文化浸润的隐形载体，随时随地浸润思政教育，树立符合时代发展、满足社会需求的道德价值观。

2. 全方位浸润

文化载体要立足社会关系构建双向互动的浸润格局，融合中华优秀传统文化和思政教育的文化传播方式，推进浸润载体自上而下与自下而上的深度整合，实现文化载体影响的全面性。精英阶层位于文化资源的上层，掌握文化资源话语权，但是，文化浸润要树立"接地气"的文化心态。就是要根据对文化需求选择相应的文化载体，在自上而下地传递主流意识形态的同时采取"接地气"的草根形式，形成自下而上的载体辐射圈。

思政教育可以在充分利用主流媒体影响力的基础上，适当地改变文化形式，贴合社会文化喜好而选用多样化载体吸引社会主体的关注，综合运用政策引导、学校教育和网络媒体多种载体契合社会各主体多层的文化需求以增强文化辐射力。中华优秀传统文化既要用显性的教育载体，也要用渗透式教育载体，善于用社会大众喜闻乐见的文化形式提高载体影响的覆盖面和浸润度，可利用民俗文化、传统节日、家规民风和课堂教学多种载体向社会主体传递文化精神和价值取向，深化社会主体对思政教育中求真、求善、求美的价值理解，以社会主体为文化浸润起点，自下而上接连起中华优秀传统文化和思政教育，实现文化载体的跨层整合和资源共享。

（三）增强载体的渗透影响力

第一，理解传统文化的语言表达同网络时代的话语形式的异同，把握其间思维方式、心理状态和认知水平的动态发展，进而根据文化发展选择适当的载体形式，引导主体立足文化自觉、深化对文化价值、过程和精神的理解并依托行为载体外显文化浸润的效果。

第二，浸润载体的外化过程中要注重载体形式的灵动性，以直观形象的内容、情境和活动来强化主体对文化的感性认知和理性认同，进而潜移默化地完成文化浸润这一过程，形成共生型存在体。对此，中华优秀传统文化和思政教育都应善用语言和活动等行为载体，把握语言的艺术、注重教育情境的设置和语气语调的运用，形成独特的极具吸引力的文化风格，提高文化浸润的感染力、渗透力。在语言、行为载体的相互作用下，将抽象的文化转化为具体、贴合实际的文化场景，以主体熟悉的方式，内化文化存在以弱化异质文化间的沟通障碍、认知隔阂。

第三，文化浸润蕴含于无形的文化活动之中，以隐蔽的文化形式引导主体渐进内化，异质文化就成为中华优秀传统文化进一步浸润思政教育、实现异质文化理论和现实文化实践抽象与具体相结合的重要一环。中华优秀传统文化和思政教育指向不同的类别，彰显出各异的文化价值并对社会主体产生不同影响。对此，增强文化载体的浸润能力要提高载体的拓展性以促进异质文化的共性融合，将一方文化的内在精神最大限度地延伸进而辐射、浸润和融合其他存在以实现异质文化的趋近化，统一两者的价值定向形成共生性的文化精神和理想信念。中华优秀传统文化注重个人修为与社会担当，而思政教育多是强调社会的整体性发展和个体的公共性教育，故此链接两者存在的浸润载体，例如，育人体系、教育内容和教育方法等都要以"小我"拓展至"大我"，将公民意识的教育作为育人基点融合成两者共性的价值目标、育人理念和价值判定，实现社会个体道德素养同社会文明风尚的协同提升。

第四，扩大载体浸润的影响力要增强文化载体的生命力和包容力，求同存异、兼容并蓄，展现源源不断的文化活力，发挥载体的协调作用，立足共同的文化思想、价值观念和育人目标开展文化活动。例如，开展"家风家训""尊老爱幼""公正无私"等道德教育活动，将其融入思政教育的育人体系之中，以此促进个体对同一文化的身份认同和价值认同，客观认知文化差异、优势互补以实现异质文化动态的和谐。文化存在都应树立"为我"的文化心态，把握他者文化的合理性，承认传统文化、外来文化的现代价值，载体要融各家之长，避各家之短以促进两者共生性发展。

综上，中华优秀传统文化浸润思政教育要发挥好浸润载体对文化刚性育人和隐性化人的转换链接功能，借助载体的拓展性、多样性和内生性发展一方文化的时代内涵，从而将异质文化纳入同一文化框架之中，以社会主义核心价值观为圆心影响社会心态、价值取向和文化追求，形成共性的文化认同感。

第五章　高校思政课教学的中华优秀传统文化资源

第一节　中华优秀传统文化思想及其对高校思政课的借鉴

一、儒家思想及其对高校思政课的借鉴

"中华优秀传统文化与高校思政课有一定的契合度，其中很多内容对高校思想政治教育有重大助益。"[①] 儒家思想是博大精深的中华优秀传统文化的重要组成部分。思政教育工作者要传承中华优秀传统文化，全面认识、深刻体悟儒家思想，去糟粕，取精华，将儒家思想的智慧运用到工作中，切实提高思政课的文化内涵，不断增强思政课的实效性。

（一）中庸和谐与思政教育

1. 中庸和谐思想的解读

儒家思想主张"和合"，强调组织内部的协作与和谐。正所谓"天时不如地利，地利不如人和"。"和为贵"是儒家建立一个和合性社会生态的根本指导原则，"道之以德，齐之以礼"是儒家组织建设的核心理念。儒家和合思想可以从以下两个方面加以理解：

（1）"和也者，天下之大道也"。儒家思想认为和合共存是实现管理目标的重要途径。人与自然之间要和谐统一，人与人之间要互相理解，和美协调，人与社会之间要符合发展规律。

（2）"和而不流"。追求和谐并不是不讲原则，随波逐流，甚至同流合污，而是讲原则，讲立场。

2. 中庸和谐对高校思政课的借鉴

营造中庸和谐的组织氛围，应贯彻"忠恕之道"。所谓"忠恕之道"，用宋代朱熹的

---

① 高雪莲. 中华优秀传统文化与思政课的契合性研究［J］. 魅力中国，2020（17）：201.

话解释，即"尽己之谓忠，推己之谓恕"，努力做好自己该做的事就是"忠"，学会换位思考，宽以待人，就是"恕"。中庸和谐与思政课教学的融合体现在以下三个方面：

（1）在高校思政课教学队伍建设中，要重视"软环境"建设，强调人与人之间的团结互助，默契配合，增强对工作的认同感与忠诚度，用自己的忠恕原则感召人、塑造人。

（2）"谦恭礼让""严己宽人"，引导大学生处理好人际关系，创造和谐的校园环境与社会环境。"躬自厚而薄责于人"，教育大学生要学会与人为善，学会合作与包容，"责人之心责己，恕己之心恕人"。

（3）扬善，扶正，使真善美成为大学生心中社会主流价值规范。大学生，尤其是大学生干部，在学习、工作、生活中，要明辨是非，坚持原则，敢管敢做。大学生要勇于担当，以成长成才为己任，弘扬道义，传播仁义，真正实现"仁者不忧，知者不惑，勇者不惧"。

（二）仁者爱人与思政教育

1. 仁者爱人思想的解读

"仁"是儒家思想体系的核心。在《论语》中，共五十八章一百零九处提到了"仁"。孔子对"仁"的阐释主要分以下三个层面：

（1）"好仁"。"樊迟问仁。子曰：'爱人。'"。孔子所说的"爱人"以"爱亲"为始，以"爱人"递进，以"爱国"升华。

（2）"求仁"。"夫仁者，己欲立而立人，己欲达而达人。能近取譬，可谓仁之方也已。"这里孔子主要是强调"推己及人"，即"己所不欲，勿施于人"。

（3）"成仁"。"志士仁人，无求生以害仁，有杀身以成仁。"强调道德主体的自我超越，折射出孔子的生命态度。

由此可见，孔子所阐释的"仁"首先是一种道德品质，然后是一种道德责任及道德实践。"为仁由己，而由人乎哉""人皆可以成尧舜"，可见，人人都可以"成仁"，关键在于道德主体愿意或者不愿意，所谓"我欲仁，斯仁至矣"。《中庸》讲："力行近乎仁"，表明人人都可以"求仁"，"好仁"而"力行"，便可以"成仁"。

2. 仁者爱人对高校思政课的借鉴

在教学过程中，坚持教师主导性，乐为人师更为仁师；坚持大学生主体性，以人为本兼顾育人，最终实现育人与育仁的同频共振。这就要求高校思政课教学者做到以下三个方面：

（1）有一颗爱人之心，把热爱工作与热爱大学生相结合，做到以情感人，主动亲近大学生，关心他们，帮助他们，把爱洒播到每一位大学生的心间，触动每一位大学生的心灵。

（2）"推己及人""子帅以正"。所谓"为政以德，譬如北辰，居其所而众星拱之"。思政教育者要努力提升修养，以良好的个人形象，赢得大学生的尊重。

（3）"仁者爱人"，要求思政教育者要引导大学生从"孝"出发，由爱自己、爱亲人到爱他人。"孝"先要做到爱自己，即珍惜自己的生命，爱护自己的身体，使父母免于忧虑。"父兮生我，母兮鞠我，扶我畜我，长我育我，顾我复我，出入腹我"。为人子，要懂得感恩，尽反哺之责，将爱亲之情推广到社会中，做到"泛爱众，而亲仁"，"老吾老以及人之老，幼吾幼以及人之幼"，胸怀天下。在此基础上，进一步引导大学生"见利思义"，树立正确的义利观，即个人利益服从集体、国家利益，使大学生明白"国家，国家，有国才有家"的道理，把自己的发展与国家、民族的命运紧密相连，努力为国家作出贡献，实现自己的人生价值。

（三）修身正己与思政教育

1. 修身正己思想的解读

儒家注重提高自身修养，重视个体人格的塑造，提出"不义而富贵，于我如浮云"，提倡"富贵不能淫，贫贱不能移，威武不能屈"的浩然正气，倡导"三军可夺帅，匹夫不可夺志"的人生理想，提出"内省""慎独"的自我修身方法。"吾日三省吾身""见贤思齐焉，见不贤而内自省也""所谓诚其意者，毋自欺也。如恶恶臭，如好好色，此之谓自谦，故君子必慎其独也"强调诚实、不自欺，无论是否有人监督，无论人前人后，都能坦然面对自己的内心，时刻对自己严格要求。

2. 修身正己对高校思政课的借鉴

儒家"修身正己"思想，要求思政教育工作者要引导大学生从我做起，追求高尚的人格，加强理性自觉，将自律与自我教育有机结合。言行举止，为人处世做到"诚于中，形于外，故君子必慎其独也"。所谓正人正己，只有从自身出发，加强修身，正己正心，才能在各类利欲困惑面前坚持信仰，不迷失方向。

（四）自强不息与思政教育

1. 自强不息思想的解读

儒家提倡为追求人生理想而艰苦奋斗，以苦为乐，自强不息。"叶公问孔子于子路。

子路不对。子曰:'女奚不曰,其为人也,发愤忘食,乐以忘忧,不知老之将至云尔。'"
"天行健,君子以自强不息"把贫困忧患视为磨炼意志、锻炼能力、实现理想的必要条件。

2. 自强不息对高校思政课的借鉴

儒家所倡导的这种刚健奋进、自强不息的精神,铸就了中国人坚韧不拔、百折不挠的民族性格。高校思政课教学者要积极营造弘扬民族精神的良好氛围,教育大学生正视困难,依靠自身的努力拼搏追逐理想,实现目标。做到胜不骄,败不馁,不断超越自我,做生活的强者。

二、道家思想及其对高校思政课的借鉴

道家思想的核心理念是"无为""不争",它彰显了道家思想的独特性,涵化着创造性思维和自由精神。"无为""不争"的理念不仅对政治伦理、治国方略、养生之道影响深远,而且也对提高高校思政课教学的实效性带来了启示。

(一) 自然无为与高校思政课教学

1. 自然无为思想的解读

道家提出了以"道"统"德""无为"而治的哲学理念,哲学视域下"自然无为"理念的基本内涵有以下三点:

(1)"道法自然"的管理理念。"道法自然"中"自然"的含义不是指自然界而是自然万物的本然属性及其内在固有的客观规律,"效法自然"就是要求在管理中不要过度地干预琐碎细事而要让人充分发挥自身的创造性与优势条件,顺势而为,轻松而不疲累管理,卓有成效的完成管理任务。正如《老子》所言:"我无为而民自化,我好静而民自正,我无事而民自富,我无欲而民自朴。""道法自然""顺性无为"是道家哲学的精神内核,遵道而行,因任自然,让万物自由发展而不蛮横干预,则民自化、自正、自富、自朴,从而实现社会的有序性与和谐性。

(2)"无为而为"的管理艺术。"无为而为"的管理艺术涵化着深刻的辩证法思想,管理者要自在自为的否定与消除主观妄为,管理行为要符合管理的内在规律,从而铸成高效、和谐美的管理世界,凭借否定的不强为而趋近肯定的"无所不为"的管理境界。正如《老子》所言:"是以圣人处无为之事,行不言之教。万物作焉而不辞,生而不有,为而不恃,功成而弗居。夫惟弗居,是以不去。""有"与"无"相辅相成、对立统一,不能羁绊于急于求成、刻意有为的表演心态,逆势而为,否则就会走向反面、一事无成。物极

必反，在现实的管理工作中要寻觅"有为"与"无为"的临界点，消解"过度而为"，注重"顺性而为"。

（3）"上善若水"的管理人格。"上善若水"的管理人格蕴含着深刻的智育、德育思想，有助于塑造管理者完整的灵魂与独立的人格。《老子》以"水"喻道，提出"七善"即"居善地，心善渊，与善仁，言善信，政善治，事善能，动善时。夫唯不争，故无尤。""居善地"就是居下用柔，心胸博大，谦虚求真，乐天知命。"心善渊"就是在现实的诱惑中要心静如止水，涤除尘世的污染，不受喧嚣的外界干扰，心如磐石。"与善仁"就是待人接物要友好善良，与人为善，乐于助人，扶弱济贫，对于强弱一视同仁。"言善信"就是要言行一致，表里如一，不尔虞我诈，诚实信用。"政善治"就是立身处世要不偏不倚，持正守平，尽职尽责，多做实事，多出政绩。"事善能"就是敢于担当，审时度势，做力所能及的事，方圆有致，不越俎代庖。"动善时"就是要与时俱进，唯变所适，把握时机，紧贴时代脉搏，敢于创新，争取做出新的更大的成绩。在日常的管理工作中要节制欲望，挑战自我，突破自我，对"我"始终进行批判性反思，从而做到与时俱进，达至无欲无私的道德境界。

2. 自然无为对高校思政课的借鉴

以"无为"思想的教育思想为基点，结合目前高校思政教育现状，从理念、方法、内容三个具体维度借鉴"无为"思想之精髓，更深层次挖掘"无为"之教育智慧，可以为高校思政教育提供新的启示。

（1）树立"返璞归真"的教育理念。

第一，注重主体性教育。道家思想以"道"为核心，主张顺应自然规律行事，尊重人的个性独立，注重教育对象主体作用的发挥，这与思政教育主体论存在着内在的一致性。而受教育者的主体性是受教育者作为思政教育主体的本质属性，是受教育者自主调节行为，并在实践中完善自身品德。

较长时间以来，大学生思政教育缺乏对受教育者个体差异的关注，"整齐划一"的教育理念已经无法满足大学生多样化的需求。因此，高校思政教育必须转变教育理念，尊重教育对象的主体性，体现受教育者的主体地位。教育者在具体的教学过程中，要努力创建平等互动的教育环境，使教育对象在这样的环境中，通过教育者的启发引导，调动其学习积极性和主动性，激发其内在需求。教师为主导，学生为主体，只有通过教育对象的自我独立思考，才能使思政教育内容得到内化和外化，从而增强受教育者的主体意识，塑造受教育者的主体人格，培养受教育者的主体能力，使大学生思政教育取得更为有效的成果。

第二，顺应人之本性。在复杂的社会关系中，人作为"社会人"而存在，人性的异化无法避免，因此，老子"复归婴儿"的思想可以看作是人性本身。自由是人的本性，内心存在的自由倾向会激发其对某些社会约束的反抗。道家对道德教育并不持否定态度，而是反对用一些人为的权威去约束人的道德，认为对道德的过度追捧反而会使人失去真正意义上的道德。高校思政教育应借鉴道家"道法自然"的教育理念，针对大学生的心理特点，立足其本性，帮助受教育者回归精神家园，以受教育者获得"纯真自然"为最终目标。高校思政教育理念不以强制性方式进行灌输，不是直接告诉大学生应该做什么，而是通过教育者的循循善诱，使教育对象明白不应该做什么，真正做到"谦恭自然，恰然天成"。

（2）提倡"润物无声"的教育方法。

第一，注重教育中的不行动。"为无为，则无不治"，道家的"无为"思想并非消极保守地无所作为，而是"辅万物之自然而不敢为"。既然是"辅"，就表示不是不行动、毫无作为，而是因势利导，根据事物发展的客观规律，辅助万物遵循自然法则去发展。这种温和的教育方式，不是有意地对事物进行干涉，而是使他们自由地发展，彰显出各自的本性，最终取得"我无为而民自化"的效果。而目前高校思政教育方法仍以"灌输"为主，受教育者被当成是一个"容器"，它的功能是被动地"装入"，而非主动地"选择"。在这种教育方法下，整个教育过程就是教育者不断向"容器""注入"的过程，而这并非高校思政教育所需要的。

思政教育应给受教育者以一定的自由度，通过教育者的"无为"来衬托教育对象的"有为"，最终达到"无为而无不为"的教育效果。这就需要大学生思政教育工作者以"无为"的态度去"为""为而不争""为而不恃"，在遵循客观规律的前提下充分发挥教育对象的主观能动性，就是强调教育者要尊重受教育者的自然本性，尽量减少对受教育者的人为干预。同时在教学过程中实施疏导教育法，即在把握受教育者的思想政治素质发展规律的基础上，有针对性地进行疏通和引导，若过分强求或者越俎代庖，就会违背受教育者的本性。

第二，强调隐性顿悟。道家"以自隐无名为悟"，一再强调其绝学弃智的主张，表明其反文化的执着，实际上这反映了道家在教育中对无意识的、直感的隐性教育的追求，其特色是顺其自然，依乎天理，是直接的而非逻辑的，即庄子所说的"体道"。道家认为认知只能从本真知觉开始，五色、五音、五味都会使人失真。在高校思政教育中，应强调受教育者的隐性顿悟。"悟"就是思考，只有通过思考，才能由此及彼、由表及里，悟出结果。"学而不思则罔，思而不学则殆"，"悟"的对立面是"迷"。这就强调在思政教育过程中，要潜移默化地影响学生，重视教育对象自身的彻悟。

道家提倡"为学日益，为道日损"，它不仅是一种教育方法，更是教育对象自身悟道的原则和一种人生智慧。学习知识用加法，人生悟道用减法，在加与减的变化之中，得知识之精华，体人生之真谛。对于知识的真正领悟往往并不是简单地来源于有言之教，而是有待于受教育者感悟出言外之意。思政教育的极致并不是滔滔不绝、口若悬河，恰恰相反，它应升华到一种"知者不言"的境界，春风化雨，润物无声。思政教育的根本不在说教，而在感染，不在作秀，而在诚心，只要"情系于中"，就会"行形于外"。

（3）构建"知足贵柔、超拔飞越"的教育内容。

第一，提倡"上善若水"的品格。"上善若水。水善利外物而不争，处众人之所恶，故几于道。居善地，心善渊，与善仁，言善信，正善治，事善能，动善时。夫唯不争，故无尤。"在《道德经》第八章中，老子认为，水滋润万物而又不与万物争名夺利，是最温柔、善良的东西，它最接近于"道"的特性，它所具备的宽广胸怀和与世无争、甘居人下的情操，正是我们所应效仿的德行。世事纷扰，高校教育逐渐染上了急功近利的色彩，单一的思政教育内容已无法有针对性地为大学生解决世界观、人生观、价值观方面的困惑。

思政教育应从"水"的性质出发理解实施教育之道，在具体的教学过程中，引导受教育者追求"上善若水"的大道品格。如水的形态一般，心胸宽广，清湛怡然；如水的流势一般，谦虚容忍，不争高低。为人处世的要旨即"不争"，但它并非自我放弃、消沉颓废，而是顺着自然的情状去"为"。拥有如水的品格，就能与大道协同一致，就会免去纷争，消除急功近利，在喧嚣尘世中，保持一份淡然的心境。

第二，提倡"淡泊知足"的态度。在熙熙攘攘的人世和各色人等的欲望追逐中，人往往不知道自己身处何处，人心承受了巨大的压力和痛苦而又无法化解。"我独泊兮，其未兆；沌沌兮，沌沌兮，如婴儿之未孩；累累兮，若无所归。"在《道德经》第二十章中，老子阐释了淡泊名利、低调处世的人生态度。淡泊是对人生世界深切感悟的一种超越。在文化多元的背景下，社会的功利性原则和市场化取向逐渐渗透到高校校园，思政教育陷入被忽略、不受重视的尴尬处境，渐渐沦为高校"形式化"的环节。因此，高校思政教育应加强对受教育者的名利观教育。淡泊名利，并不是放弃名利，而是启发受教育者不要刻意追求或者不择手段地追求名利。道家用否定的方法来化解人生之忧，它否定知识、名教，否定一切外在形式的束缚，甚至包括儒家仁义的束缚，来寻求精神的超脱。如果利欲熏心，执着于外在物欲，束缚于名言名教，人就会被物所役，不仅无法获得内心的自由，而且会造成"机心""茫昧"，人与自然难以达到和谐状态。祸莫大于不知足，咎莫大于欲得。对待名利适可而止，知足知乐，达到清净无为，名利难动的心境。

第三，提倡"超拔飞越"的精神。在《庄子·逍遥游》中，老庄强调得其自在，歌颂生命的超拔升华，若被现实环境、物质世界所困扰，那就说明其人生见解已经不够了。

人只有高瞻远瞩，才不会被外界所困扰迷惑，人生自然会超拔升华。在《庄子·齐物论》中，又强调之于平等，肯定物我之间的相互融合。道家启迪我们在现实与理想、有限与无限中，要致广大，尽精微，遍历生命之层层境界，求精神之超脱解放。高校思政教育应培养受教育者超拔飞越的人生态度，个人自我价值、生存利益、人身自由和人格尊严的实现，必须以承认他人的各种需求为前提。这种平等的价值观包容、肯定各种相对的价值观，决不否定他人的利益需要或者其他学派的存在空间。在此熏陶下，教育对象才能更好地从紧张、偏执中超脱出来，从而去寻求自我超拔的途径。

（二）上德若谷与高校思政课教学

"上德若谷"即崇高的品德好像幽深的山谷。老子认为为人处世应宽宏大量、海纳百川、虚怀若谷、能原谅人、包容人。老子曾说："善者吾善之，不善者吾亦善之，德善；信者吾信之，不信者吾亦信之，德信。"在建设"美丽中国"过程中，不仅是建设看得见的美丽，更是看不见的美丽即人的以德报怨的博大胸襟。处在全球化、信息化、现代化的大背景下，大学生心理健康教育过程中必须加强中华民族优秀品德的教育。

1. "诚信不欺" 的诚实守信精神

诚信就是诚实守信，不欺骗别人。老子思想中倡导诚信地对待一切事物，希望每个人拥有质朴纯洁的道德。随着经济社会的发展，社会上出现的道德失范、诚信缺失现象越来越严重。在高校思政教育中必须加强诚信意识教育，不断提高大学生的道德修养。

2. "不敢为天下先" 的奉献精神

老子曾说："我恒有三宝，持而宝之，一曰慈，二曰俭，三曰不敢为天下先。"老子的思想中慈爱、俭朴、不敢为天下先的谦让精神这三宝他非常喜爱。不敢为天下先的精神也即为奉献精神。"上善若水，水善利外物而不争，处众人之所恶，故几于道"，水滋润万物而不与他们相争，人也应像水一样处处先考虑别人，先人后己，大公无私。"天地之所以长且久者，以其不自生也，故能长生。是以圣人后其身而身先，外其身而身存。以其无私，故能成其私。"天和地能够长久地存在，是因为他们的存在不是为自己，而是为人类。那些谦虚恭让的圣人，由于为他人着想而得到爱戴。不难看出老子思想中许多地方都显现着奉献精神的光芒。要实现中华民族的伟大复兴，每一个公民都应为国家的腾飞出一点力。从另一个角度说，我们每一个人都应努力充实、完善自我，在自己工作岗位上勤勤恳恳。学生努力学习，工人认真工作，商人守法经营，政府人员执法为民，每个行业的人员都承担起自己肩上的责任，也可说是我们对国家、社会发展所做的贡献。

（三）道之博爱与高校思政课教学

"道之博爱"是指教育者对待受教育者的一种情感，是指教育者应怀有博大的胸怀，无论亲疏远近、贫富贵贱，对待每一个学生一视同仁。高校教育工作者要以人为本，坚持"道之博爱"的重要原则，认为每一个大学生都有价值。

第一，端正心态，以每一个大学生为中心的原则。高校辅导员应不断增强责任意识，认识到自己工作对于大学生的重要性。应不断树立以人为本、为大学生服务的理念，工作中公平公正地对待每一位同学，努力为同学们办实事、解难题。与大学生建立和谐师生关系，不断加强与大学生沟通，多了解一些情况。辅导员必须把对待每一位同学一视同仁，以公平公正的心态落实到工作中。如在评选奖学金名额或评选入党人员、学校优秀大学生，辅导员绝不应先考虑与自己平时关系较亲密的同学，而应根据每一个同学的学习成绩、工作能力由大家公开透明的选举。

第二，加强情感交流，师生互助的原则。思政教育过程中，教育者要不断做到人格感化、以情疏导。大学生往往会对老师产生一种防范意识和逆反心理，不愿看到老师更不愿意听老师说教。在工作中，教育者只有用真挚的感情去疏导受教育者，让他们认识到老师是善意地帮助他们，这样才会心悦诚服地听老师讲。辅导员要真诚的关爱、尊重、关注每一个大学生，使他们从心理感受到老师的善意，在需要帮助的时候勇敢地告诉老师。此外，辅导员要用帮助大学生、为大学生服务的实际行动来打动人心。辅导员应具体了解班里同学情况，帮助家庭困难的学生申请助学金、困难补助或帮助找到勤工助学的岗位，用一些具体的事情感化大学生。

第二节　中华优秀传统文化精神及其对高校思政课的渗透

"中华优秀传统文化教育在提高全民人文素养、助力民族振兴方面意义重大，传统文化和思想政治教育有着不可分割的紧密联系，将中华优秀传统文化融入高校思想政治教育当中，能够让大学生树立积极进取的人生态度，引导其形成与社会主流价值取向相一致的价值观念、思维方式，实现优秀文化的传承和发扬。"[1]

---

[1]　王艳，高鹏. 刍议中华优秀传统文化与思政教育融合之途径［J］. 新教育时代电子杂志（教师版），2020（16）：256.

一、高校思政课中自强精神的培育

（一）自强精神的内涵阐释

自立自强精神是自立精神和自强精神的有机结合，是以个人的自我意识为出发点建立起来的独立自主和发愤图强的精神品质。自立自强精神是在当今社会如此迅速发展和物质生活不断丰富的条件下更要树立起的个人品格，它是中华民族精神不可或缺的重要内容。

从个人看，一个有自立自强精神的人，就会不依赖他人，能够积极主动地参与劳动，用勤劳的双手为自己能过上美好的生活而不懈努力，从而实现自己的人生价值和理想；就会自觉抵制满足现状的思想和行为，承担起个人对家庭和社会的责任，减轻家庭和社会的负担，促进人际关系的正常交往和社会和谐；就会以自立自强的优秀品质、行为方式和工作作风影响他人，形成良好的社会风气，促进社会整体进步和道德水准普遍提升。

从国家看，当一个民族的大多数人具有自立自强精神时，这个国家就会人才辈出，使管理水平和技术创新不断提高，促进生产力的发展，提高人民的生活水平，从而实现国家繁荣富强。同时，整个国家的文化和道德水平也会提升，使人们有机会享受高尚的精神生活与和谐的社会环境。

大学生自立自强精神是指大学生这一群体在其学习与生活中表现出来的独立自主、自我奋斗、自我完善的优秀品质和精神风貌。这种精神主要体现在以下方面：

第一，树立远大的奋斗目标。树立远大的奋斗目标是大学生自立自强的起点。有了宏伟的目标，才会有自立的动力，也才会有自强的方向。正是理想的召唤，大学生才能够不怕困难，刻苦学习，创造性地思考问题，取得优异的成绩。

第二，艰苦奋斗和独立自主的实干精神。在当今大学生当中，艰苦奋斗和独立自主的实干精神就是要求大学生无论在学习、生活或者工作当中能够有不怕吃苦的决心与敢于吃苦的精神，能够刻苦学习所需的专业知识和各项技能，善于发现自己的不足，完善自我人格，提高自我修养和道德素质，反对浪费，反对奢侈，勤俭节约，克服困难，能够独立自主地顺利完成大学的学习和生活的各项任务。

第三，积极参与各种实践和实习活动。积极参与各种实践和实习活动是大学生自立自强精神的一个重要表现。实践和实习不仅可以检验自己所学知识在实际生活中的应用情况，而且能够提高自身的能力。同时，有些实践和实习活动还可以额外获得一些经济收入，经济收入能够带给大学生心理上的满足感，经济独立也是自立的一个重要表现。在参与社会实践和实习活动中，大学生体验了社会生活，不仅学会了独立思考的能力，也学会了动手的技能，既体会到了父母挣钱的艰辛，也体会到了自己成功的喜悦。

（二）自强精神的培育路径

1. 改进和优化学校德育模式

随着国家对教育事业的大力支持，高校传统的方法单一、层次单一的德育教育教学模式和管理模式已经无法适应当前大学生的教育需要，尤其对大学生目前出现的自立自强精神缺失的状况而言更是如此，因而改进和优化高校德育模式势在必行。

（1）转变教学模式。从传统的被动的接受教育模式向充分发挥大学生的主体性、参与性转变可借鉴国外的德育教育方法，如角色扮演法、两难困境讨论法等增强大学生的自我选择能力，同时丰富各类实践课程，充分利用实践课程跳出传统的说教模式来实现大学生自立自强精神的内化，帮助大学生能够从实际的活动当中体验自立自强精神带来的内心满足。

（2）转变管理模式。大力改进辅导员制度，培养高素质辅导员队伍是培养大学生自立自强精神的重要环节。

一方面，从大学生的生理和心理特征来分析。大学生对教师有一种较强的"向师性"和"模仿性"倾向，而与大学生生活最亲近的就是辅导员，辅导员不但要完成事务性的工作，更要注重大学生精神品格的培养。要从单一的说教和事务性传播转变成结合多种大众传媒载体的传播方式和更多心理上的关心关爱形式，如可以利用现在时下大学生最喜欢的社交网络如微信、QQ、微博等平台传播德育的主要内容，辅导员也可开展班级活动和学院活动，如拍摄关于自立自强精神榜样的微电影、微短片等，不仅使大学生参与到拍摄录制的过程中，感受到自立自强精神榜样的巨大力量，而且成片后可放在校网上、校内论坛上再次传播，起到双重教育的效果。

另一方面，辅导员对大学生的关爱关心也至关重要。要充分尊重每一位大学生，要重视大学生的各种问题，在学生群体中树立出不仅是老师更是知心朋友的角色，无论是对于一般同学还是家庭贫困的特殊群体，都能及时地捕捉到他们的思想动态，这样更有利于加强对其自立自强精神的培养。

2. 营造自强精神的校园文化

校园文化，包括精神文化、环境文化、行为文化和制度文化，要把握校园文化中以育人为主的导向作用，充分塑造一种奋发进取、互相关爱、团结友善、艰苦奋斗、奋发图强、不屈不挠、不畏艰难的自立自强精神，创造一种令人愉悦、气氛和谐、处处美好的积极向上的力量，大学生在这样的环境中潜移默化地受到影响，就能够内化成自身的精神动力。

（1）充分利用校史、校训、校歌、校景中蕴含的丰富的历史文化和精神文化，用一种积极向上、艰苦奋斗、奋发图强、百折不挠并被充满知识和文化氛围包围着的大学生，这是促使大学生奋发向上的隐形力量。

（2）充分利用校园媒体的力量，包括校刊、校报、校园网络平台和校园广播等媒体手段宣传自立自强精神的典范，注重大学生的价值观导向。

（3）承办多种多样的校园文化活动，如讲演、讨论、文化作品鉴赏、才艺展示和兴趣小组等，不仅提供了大学生之间相互交流的平台，也有利于提高大学生的综合素质。

（4）在制订校园制度方面也要与时俱进，突出大学生自立自强精神的培养。

3. 优化自立自强的社会环境

大学生自立自强精神的培育需要家庭、学校和全社会的共同配合，不仅需要家庭教育，也需要社会给大学生提供更多的实习和实践岗位，同时更要注重道德法制文化建设，大力弘扬社会主义核心价值观，抵制不良风气和思想对大学生思想的负面影响。在优化大学生自立自强精神的社会环境方面包括以下两点：

（1）学校和社会各部门共同配合。针对目前大学生的不同专业提供更多具有针对性的社会实习和实践岗位，帮助在校大学生利用课余时间和假期时间进行社会实习和实践活动，使他们能够巩固自己所学的知识，提高自身的实践能力，更早地适应社会环境并从中获得相应的物质报酬，更早地不依靠父母而独立生存生活，在社会环境中磨炼自己的意志力、抗挫折的能力、团队合作的能力以及人际交往的能力，更好地认识自己的优缺点，对大学生自立自强精神的形成有着非常重要的帮助。同时也要完善社会道德法治建设，保护大学生实践和实习期间的人身安全及合法权利，实习单位与学校共同拟定实习合同，以保证双方的共同利益，在法律保护下培养大学生自立自强精神。

（2）大力弘扬社会主义核心价值观。充分发挥大众传媒载体如电视、广播、报纸、杂志、影视剧、网络、书籍等覆盖面广、传递迅速、传播影响具有增值力的作用，不遗余力地弘扬社会主义核心价值观，使大学生能够潜移默化地正面吸收社会主流价值理念，自觉抵御不正之风对其思想的侵害，从而通过自己的奋斗努力实现自己的人生理想。

4. 重视精神培育的家庭环境

在优化大学生自立自强精神培育的家庭环境方面，家长要培养子女的独立意识。子女在大学学习阶段，家长除了要关心子女的学习生活情况外，更需要关心子女的思想动态、心理情况和道德品格，对于子女的节约、勤劳、简朴、肯吃苦等行为习惯要加以鼓励，对于子女的浪费、攀比、自私、依赖、不独立、不自立、不自律等行为习惯要加以教育纠正，在子女放假期间，家长要有意识地让子女参加家庭劳动，培养子女的生活能力和自理能力，家长也要鼓励子女利用假期时间去参加社会实习活动，目的是培养子女的社会适应能力和独立意识。家长要培养孩子的自强意识。要让孩子明白，自强是人努力向上的重要精神动力，要让子女知道未来的生活是他们自己的，需要自强的精神来面对这个世界，需要自强的精神更好地去奋斗去生活。

家长的言谈行为举止对子女的影响很大，在家庭环境中子女会潜移默化地模仿家长的言行思想，家长自身要严格要求自己的言谈行为举止，以自身的榜样示范作用正确引导子女树立自立自强精神。因此，父母要多与子女沟通，讲述自己奋斗吃苦的经历及对世界正确的认识，家长也要培养自身的道德修养，提高自己的道德认识，从而言传身教地帮助子女树立自立自强的精神。

5. 加强学生的心理服务系统

高校大学生所处的人生阶段，正是他们世界观、人生观、价值观趋于成熟的重要阶段，更是自我成才的关键阶段。而随着时代的发展，大学生面对的学业压力和精神压力也是前所未有的，加上社会环境也对他们产生了一定的负面影响，这些都造成了大学生的心理负担，严重的甚至会产生一定的心理问题。高校既要坚持全体大学生进行心理健康卫生基础教育，更要建立由校级、院级、班级到宿舍的大学生心理服务系统，针对目前大学生容易出现的心理误区，应从以下方面加强大学生的心理辅导：

（1）树立正确的消费观。随着当今社会经济的飞速发展，物质特别丰富，大学生面对诸多物质诱惑，面对如此丰富的物质产品，他们渴望被认可的心理会使他们产生对物质的欲望，如果这种欲望超出了大学生自身的经济能力范围，这些都会影响大学生正常的心理健康发展，同时也会使他们无法真正地独立生活。正确的消费观、贫富观对大学生健康的身心发展尤为重要。

（2）增强大学生的自信心和人际交往能力。自信心和人际交往能力是影响大学生心理健康发展很重要的因素，大学生的自信心对他们完成学业，积极参加各种活动，主动地去适应各种环境起到积极的作用。人际交往能力体现个体在群体当中与他人的相处是否融洽和谐的能力，有效人际沟通能够让自己与他人之间相处得更为融洽，能够使得自己处于一种和谐的氛围当中，能够产生积极向上的动力。

（3）增强大学生抗压和抗挫折的能力。大学生群体正处于由学生角色到社会角色转变的关键时期，面对学业和就业的双重压力，容易产生心理压力过大，逃避现实，接受不了失败挫折而一蹶不振、自暴自弃等心理问题。培养大学生抗压和抗挫折的能力，是在当今社会环境下德育教育工作必须强调的内容，让大学生能够保持良好的心态积极地面对所处的困难，调整好状态，看到自己的优点和缺点，总结失败的经验教训，能够再接再厉，不屈不挠，重拾信心，最终获得成功。那么在今后走向社会工作当中，遇到挫折和打击就仍然能够有信心、有能力地面对，而不会产生悲观情绪从而逃避现实，能够把这种压力和挫折当成前进的动力，更加努力地去克服困难，为实现理想不懈奋斗。

6. 加强特殊群体的情感呵护

情感是人对客观事物是否满足自己需要而产生的态度体验，情感呵护就是对个体内心进行疏导、鼓励、支持和帮助，使得个体心理健康。思政教育工作者要经常地把握大学生的心理动态，及时与大学生保持联系，对他们充分地尊重，真挚地关爱，以热情的态度，去引导大学生特殊群体向着更好的人生道路前进。

（1）充分地尊重。大学生当中的特殊群体表现在心理比较敏感，对他们人格的尊重至关重要，充分地尊重能够使大学生特殊群体摆脱自卑的心理，从而更加积极地学习和生活。

（2）真挚地关爱。这种关爱要求思想政治工作者要对大学生的各个方面都要关心关爱，能够设身处地地帮助他们解决和疏导生活上、学习上和思想上的各种问题，在特殊群体的个体遇到困难的时候及时地给予情感的关怀和具体的帮助，使得大学生特殊群体在学生活中处处感到温暖。

（3）热情的态度。就是保持一颗热情友善的心，让大学生特殊群体感受到大学环境里的关爱，使他们觉得自己并不孤单，在学校中感受到有老师和同学的悉心关怀，能够主动地打开心扉，对自己出现的各种问题能够主动地提出，并在学校里得到充分重视和解决。

（4）引导大学生特殊群体向着更好的人生道路前进。引导大学生特殊群体认真学习，热爱生活，克服困难，艰苦奋斗，奋发图强，与人和谐相处，抗压力，抗挫折，内心积极向上，消除负面情绪。从情感呵护的角度对大学生特殊群体产生的各种心理不适加以关心和帮助，有效地帮助他们解决实际困难，从而使得大学生特殊群体能够有信心向着更加积极的方向努力奋斗，树立起自身的自立自强精神。

二、高校思政课中和谐精神的运用

"和谐"是指由诸多性质不同或对立的因素构成的统一体，这些相互对立的因素同时又相互补充、相互协调，从而形成新的状态，产生新的事物。"和谐"发展为对人的和谐发展、人与人和谐关系及人与自然和谐关系的追求。

无论古今中外，优秀的精神财富都是世代相传的。现代思政课教学从形式到内容如此丰富多彩，是从长期的社会实践过程中世代相传、逐步积累起来的，这是它得以不断向前发展的前提和动力。社会理应有保存和发展自己的目的，即保存和超越人类已有的东西，这种超越，就是创新。思政课教学要获得发展，必然要创新。

创新是一个民族进步的灵魂，是一个国家兴旺发达的不竭动力，创新的本质特点就在于创造前所未有的新东西，即它的新颖性、首创性。我国正在向"信息社会"转型，大众传媒的消极影响呼唤思政课教学的创新。市场经济的副作用也呼唤着思政课教学的创新。我国思政课教学的和谐发展既是中国共产党多年来的实践经验总结，也是中华优秀传统文化的积淀，还是世界各国优秀文明成果的借鉴。思政课教学应该在继承和发扬优良传统的基础上，在内容、方法、载体、管理手段等方面努力进行创新，特别是要在增强和谐性方面创新。

（一）和谐思想在思政课教学内容中的运用

思政课教育的内容，就是根据一定的社会或阶级的要求，针对受教育者的思想实际，经教育者选择设计后有目的、有步骤地输送给受教育者的一切信息。思政课教学内容的存在形式是一种结构关系，主要表现为思政课教学诸多内容之间的整体性、有序性和层次性关系。思政课教学是以人们思想品德的形成发展和对人们进行思政课教学的规律为研究对象的。思政课教学目标，是指一定社会对教育所要造就的社会个体在思想政治品德方面的质量与规格的总的设计和规定，它反映了社会对受教育者在政治、思想、道德、法纪、心理等方面素质的综合要求，是对教育活动预期结果的一种价值限定和观念化形成。有什么样的思政课教学目标就有什么样的思政课教学内容。

思政课教学过程的特殊矛盾是一定社会和阶级对于人们思想品德的要求与人们实际的思想品德水准之间的矛盾。这个特殊矛盾规定着思政课教学的内容和发展，这个特殊矛盾能否解决得好，内容能否在现实生活中被大学生广泛地接受，取决于大学生的社会物质生活条件与他们的具体思想意识状态。

大学生思政课教学内容的和谐是指内容的层次性和时代性的和谐要与大学生的具体思想实际和物质利益相和谐。

大学生思政课教学内容要依据人的思想意识运行规律。人的思想意识是一种立体结构状态，横向上具有哲学、道德、艺术等意识成分；纵向上可分为心理、观念、思想三个层次，这三个层次密切联系，具有整体性规律，又各自发挥着相对独立的作用。心理层次主要是"动力和谐"，培养情操以引导自我意识和平衡心理需求与良心，达到个体与社会心理和谐的境界。观念层次为"整合和谐",靠社会主义和共产主义信念来整合统一人的思想观念,达到个体与社会观念的协调和谐。思想层次则是"导向和谐",靠理想的培养来导向,实现个体与社会思想的融通和谐。

当代大学生已经形成了现代的人格和现代的心理特征,这种现代意识是现实社会物质生活条件在意识形态中的反映。大学生具有一定的公民意识而不是臣民意识,具有一定的平等意识而不是权威意识,具有一定的理性法治意识和比较强烈的国家认同意识及为国效劳意识。同时不可否认的是大学生自身也是变革的一代。这是一个具有变动性和可塑性的群体,也是一个尚未完成向相对成熟和完善的社会人转变的群体。其群体的差异性、个体特征的两面性及关注问题的变动性都是显而易见的。因此,他们在认知方式、情感归属、心理状态、行为习惯等方面,都呈现出某些被媒体定义为"新新人类"的一些典型群体特征。

高校思政课教学内容只有符合大学生的具体物质利益,贴近实际,贴近生活,才能易于被大学生所接受。例如,大学生中有富裕生群体、贫困生群体、特困生群体、社团群体、勤工助学群体等。要做到大学生思政课教学内容的和谐,应注意以下两个方面:

1. 开展人文教育促进和谐

人文学科是研究人本身的科学,包括语言学、文学、历史学、哲学。语言是思维的工具,文学是幻想,历史是记忆,哲学是思维结果。高层次的社会责任感和道德感主要依靠文化的积淀。文化的基本功能是培育人。从起源上说,文化是"人化",人的主体的对象化;从功能上说,文化是"化人",教化人、塑造人、熏陶人。文化,根本在化。这个化,就是内化、融合、升华和超越,把正确的做人做事之道融合到灵魂里。

文化具有潜移默化的作用,是眼睛看不到的,不是现在时,而是将来时。如果只有高技能,没有文化底蕴,最多是人手,不是人才。文化是一种精神富有,人文教育要体现中华文化。

2. 开展感恩教育促进和谐

感恩教育,就是教育者运用一定的教育方法,创造一定的教育氛围,对教育者实施的"知恩图报"和"施恩不图报"为内容的人文教育。近年来,高校经济困难的大学生比例和数量逐年增大。助学工作,包括国家助学贷款、勤工俭学、各类助学金、困难补助、减免学费及各项助学性质的奖学金等,都使广大大学生,尤其经济困难的大学生不同程度地享受到助学恩惠。因而,思政课教学者应善于利用日常的助学工作适时开展多种形式的感恩教育,点拨、唤起大学生的感恩心。

（二）和谐思想在思政课教学方法中的运用

适宜的方法有助于思政课教学者与思想政治教育对象之间和谐关系的确立，即有利于交流、引导和教育良好关系的确立；不适宜的方法，则会导致思政课教学者与教育对象之间形成僵化、互逆、对抗的关系，由此导致思政课教学中教育者与受教育者关系应有功能的丧失。思政课教学方法是教育者借以调动构成思政课教学活动的其他要素的作用，使之进入激活状态，并能最大限度地发挥各自的效能。

思政课教学的方法是为了达到既定的教育目标，教育者、受教育者参与思政课教学活动所采取的各种思想方法和工作方法的总称。思政课教学的方法是实现思政课教学目标的重要手段和保证，又是教育者和教育对象之间相互作用的中介。思政课教学是教育人、转变人的工作，不可能有统一的模式和固定的方式、方法，因此，它必须在具体的实施过程中不断探索。广大教师要坚持不断地在大学生中普及科学知识，提倡科学方法，弘扬科学精神，使青年大学生热爱科学，崇尚科学精神，特别要善于从马克思主义理论中汲取营养，树立科学的世界观，把握正确的方法论。

显性方法具有公开化、专门化、正规化、规范化、富有组织力度的特性，由此有力地满足了宣传、组织、动员群众积极参与各项工作的思政课教学需要，因而一直是思政课教学的主渠道和主要的工作方式。

隐性教育方法是将教育目的和内容隐藏于人们日常生活之中，具有"无形"性、隐蔽性、间接性的工作方式。学风、校风、舆论、文化氛围、校园环境等间接无形的教育，称为隐性教育。

用和谐的方法培养人、培养和谐的人，是当前大学生思政课教学的观念创新。和谐的人要靠和谐的教育来培养，和谐的教育是指教育的各个构成要素相互协调、有机统一。思政课教学作为一项育人的系统工程，其实现的途径和方法是灵活多变的。在思政课教学的方法体系中，只有通过显性方法对社会意识形态直接、强烈的影响作用来显示思政课教学的强势存在和地位，隐性方法才能顺利实现向其他活动的渗透，并保持在其他活动中的影响作用，否则社会意识领域的复杂局面就难以有效地控制。

第一，坚持显性方法的主导地位。要把坚持显性方法在思政课教学方法体系中的主导地位作为发展取向的基本原则，防止简单地用隐性方法代替显性方法的趋势。

第二，显性方法与隐性方法紧密结合。坚持显性方法主导地位的基础上与隐性方法紧密结合，可以互补长短，齐头并进，共担新时期大学生思政课教学之重任，共创大学生思政课教学之辉煌。

第三，显性方法与隐性方法都要转向双向互动的趋势。大学生思政课教学是学校师生的一种特殊的精神交往互动过程，通过双向建构和双向整合的基本机制来达到教育教学的目标。主客体互动适应了市场经济条件下人们心理活动的特点，满足了教育客体受尊重的心理需求，有利于激发客体的参与、接受教育的积极性。

（三）和谐思想在思政课教学载体中的运用

载体本是一个科技术语，最早出现于化学领域，后来被广泛应用于科学技术各领域。其基本含义可以概括为某些能传递或运载其他物质的物质。从 20 世纪 90 年代被引入思政课教学领域。思政课教学载体是指承载、传导思政课教学因素，能为主体所运用，并且主客体可借此相互作用的一种思政课教学活动形式。如开会、谈话、理论学习、管理工作、文化建设、大众传媒、精神文明创建活动、网络等。

归纳起来，载体可以划分为有形载体与无形载体、物质载体与精神载体、动态载体与静态载体等。载体具有层次性、互补性、融合性，并且各种载体的特点、作用不同。作为思政课教学载体，必须同时具备两个基本条件：一是必须承载思政课教学的目的、任务、原则、内容等信息，并能被思政课教学者所操纵；二是必须是联系教育主体和教育客体的一种形式，主客体可借助这种形式发生互动。

教育者正是借助这些载体对教育对象进行教育活动，并与其进行双边互动活动。如果我们能适当地运用和谐思想，充分利用各种载体互补性及融合性，对于促进和谐的大学生思政课教学具有不可替代的作用。这样载体的效益包括近期效益与远期效益；隐性效益与显性效益；直接效益与间接效益。效益包括效应和利益，这里主要指效应。

1. 近期效益与远期效益的和谐

活动载体，即以活动为思政课教学载体之意。可分三种类型：政治性活动、建设性活动、娱乐性活动。活动载体的特点：目的性、渗透性、群众性、实践性、感染性、间接性、综合性等。从大学生的心理需求来看，现在的大学本科教育已经不再是终点教育（大学毕业后即就业），而是由于社会变迁与高等教育的发达，大学本科教育在性质上变成了中间教育，许多条件较好的大学生希望接受更高的教育，出国深造或读研。在大学阶段，除了专业知识之外，社会经验也是促进大学生自我发展的重要因素。对大学毕业马上就业的大学生若要获得近期效益，对继续深造的大学生若要获得远期效益，必须努力做到：

（1）使大学生在活动中快乐求知并体验生活。与其他载体相比，活动载体突出了社会实践性，能调动学生积极参与的。因为活动本身就是一种社会实践形式。从学生思政课教学和谐的个体取向看，教育从来都是培养人的社会实践活动，是帮助个体实现社会化的最有效的工具。活动是思政课教学理论用于实践和检验的过程，大学生在活动中体验了现实的生活，重组了生活经验。

（2）突出活动载体目的性和渗透性（隐性）的和谐。活动使受教育者在积极参与中，不知不觉地接受教育，具有隐性的特点。开展丰富多彩、形式多样、生动活泼的各种活动，是为了满足大学生的精神需求，借此可以更好地进行教育，"无意识"作为教育活动的开端，使之转为"有意识"。同时，教育者要直接而理智地传授社会的思想政治道德、准则，目的性的观点不能模棱两可。突出活动的目的性，是区别作为载体的活动和一般的活动的重要标志，也是判断某一活动是否是思政课教学载体的标准。例如，文娱体育活动本身是客观存在的，是思政课教学以外的一种活动，只有纳入思政课教学的视野，赋予某些教育因素，如增强集体意识、团体精神、丰富学生精神生活，才能具有教育功能，才能成为载体。

（3）突出自我教育与提高思政课教学的效益。在创建性活动和娱乐性活动中，高校放手让大学生自己管理自己、教育自己、服务自己，可以提高他们的积极性，乐于接受。在整个思政课教学过程中，教育者的"教育"，只是大学生思想道德素质提高的内因。只有当他们不仅能正确认识自己、评价自己，而且能自觉地按照社会要求的思想观点、价值观点、道德观点、道德规范进行调节、自我控制，主动向社会要求的方向发展，思政课教学的目的才算达到。

2. 隐性效益与显性效益的和谐

文化既是思政课教学环境又是思政课教学的一个重要载体。思想政治文化载体是指利用各种承载社会文化的事物，通过增长人们的知识，提高素质，培养健康人格和良好文化心态的教育方式。文化载体包括文化观念、价值观念、行业精神、道德规范、行为准则，它的特点是具有较强的群众性和社会性；具有鲜明的民族特征和继承性；每一种文化都具有自身内在的价值观、行为准则（这是文化精神的内在核心）；具有时代性和教育性。

在利用文化载体时，要弘扬传统"和"文化"讲义求和"的思想精神，对克服重经济效益、轻社会效益，重个人和本位利益、轻集体和国家利益的错误思想倾向具有现实意义。在文化产业化和商业化运作的情况下，要注意隐性效益与显性效益的和谐。

高校校园文化，属于文化建设的一部分，但校园文化不是脱离大学生生活的，而是大学生学习、工作和生活和谐相融的组成部分。这个载体，由于文化本身的特性，蕴藏着潜移默化、点滴渗透的重要的育人功能。近年来，积极、健康、向上的高校校园文化已成为高校一道绚丽的风景线。

按照建设先进文化的要求，注重高校校园文化的育人功能，努力建设体现社会主义特点、时代特征和学校特色的高校校园文化，形成优良的校风、教风和学风。按照构建和谐社会的要求，高度重视文化环境建设，弘扬中华民族精神，借鉴人类文明成果，高扬主旋律，提倡多样化，建设积极、健康、生动、和谐的校园文化环境。按照推进素质教育的要求，突出文化素质教育、完善文化活动设施，加强文化阵地建设，开展丰富多彩、积极向上的学术、科技、体育、娱乐活动和专题教育活动，把德育、智育、体育、美育、劳动教育、健康教育、情侣教育、安全教育、形势政策教育、军事教育等有机结合起来，使大学生在广泛参与中陶冶情操、优化素质、完善人格、提升境界。

3. 直接效益和间接效益的和谐

大众传媒，既是思政课教学环境又是思政课教学载体。大众传媒是指多种形式的通信手段，包括报纸、杂志、书籍、广播、电视、电影、网络等工具。大众传媒载体是指通过各种传播工具，向人们传播思想政治内容，使人们在接受信息的同时，接受思政课教学。

在现代社会中，大众传媒集新闻性、商业性、娱乐性和教育性于一体，因其直观、形象和丰富多彩的特点，对青年大学生的影响越来越大，青年大学生时刻都处在媒介环境之中。因此，发挥大众传媒对大学生的教育作用，是一个现实而有意义的课题。为了发挥大众传媒对青年大学生的教育作用，要把学校思政课教学与社会教育统一起来。

良好舆论环境的营造，大众传媒担负着重大职责。要取得大众传媒直接效益与间接效益的和谐，必须努力做到：

（1）逐步实行大众传媒的职能分工。开设大学生的专门栏目，发挥传媒的特点和优势，实施教育引导；建立专门的大学生教育传媒，在进行知识教育的同时进行思政课教学，形成富有生动活泼、覆盖面大、影响力强的传媒教育，改善舆论环境和育人环境，推进大学生思政课教学社会化，担当起培养大学生的社会责任。

（2）拓展网络教育空间与形成网上网下思政课教学的合力。全面加强校园网络建设，使网络成为弘扬主旋律和开展思政课教学的重要手段。加强网站建设，融思想性、知识性、趣味性、服务性于一体，依据网络规律和特点，积极开展互动的、生动活泼的网络思政课教学活动。

例如，依托微信朋友圈、红色网站、网上党校、网上专题教育，净化网络环境，加强网络伦理教育，创设积极健康的网络氛围。建设专业队伍，把握网络思政课教学主动权。建设好校园网的同时，社会上的各类网站，也是大学生的交流平台。各类网站不仅要对自己负责，更要对社会，尤其是对青年大学生负责。①把握正确导向，积极开发教育资源，主动承担教育青年大学生的责任，开展形式多样的思政课教学活动；②增强正向引导力度，促进网上正能量信息资源的传播，增强吸引力和感染力；③自觉清除垃圾信息与不良信息，管好网站，优化网络环境。

总之，要充分体现与网络社会相适应的时代特点，充分利用现代信息技术延伸大学生思政课教学时空，牢牢把握网络思政课教学的主动权。

三、高校思政课中人本主义精神的促进

现实的人是社会的人、阶级的人，即人的社会性，人的本质是一切社会关系的总和。未来理想社会是一个高度和谐的社会，在那里，人与自然、人与社会、人与人之间彼此和谐统一。人作为社会发展的主体，可以而且也应该自觉、自愿、自主地发展。人的全面、自由、协调发展与经济、文化、政治等社会生活各方面的全面发展紧密相连。

科学发展观明确指出并强调"以人为本"，坚持全面的、协调的、可持续的发展，保证人与自然、人与社会、人与人的和谐发展。在实现基本人权的基础上，尊重和保障人们的经济、文化、政治等社会诸方面的具体利益，实现人的全面发展。

（一）全面、自由与发展的人的目标观

1. 全面的人

人的全面发展是指每个人都能得到的平等发展、完整发展、和谐发展和自由发展，包括了人的生活的全面发展、人的各方面能力的全面发展、人的社会关系的全面发展和人的个性的全面发展。人的全面发展要求全面消除各种人与自然界的对立和异化关系，真正实现人的解放。

（1）思政课教学者总是依据社会的要求制订教育目标，并要求受教育者能按社会的要求接受教育，以实现最终目标。然而，在具体的思政课教学活动中，受教育者的个人需要与社会要求往往不一致，两者间必然形成一对矛盾。而且只有当这一矛盾得到妥善解决后，思政课教学的目标才能实现。

（2）思政课教学是人类社会的一种有目的的活动，它总是具有一定的目的性，并为一定的目标服务。德才兼备、身心健康和知能结合是大学生全面发展的基本要求，也是思政课教学的最终目标。

（3）思政课教学总是具备一定的功能，无论是对个人还是对社会都产生了不可估量的促进作用。

（4）思政课教学作为一种意识形态教育，它必然与社会的政治、经济、文化发生密切的联系，并形成特定的世界观、政治观、法律观、道德观，从而对受教育者产生深远影响。全面发展的人必然是社会关系极其丰富的，各种能力得到最大的发展。将具有更强大

的生存与创造的能力及追求自我完善的能力。人的全面发展不仅是人类的理性追求，也是人类文明社会发展的必然结果。

2. 自由的人

人的全面发展事关人的自由个性的实现。实现自由个性，就是个人作为有个性的个人而与他人相区别，自由地按照自己的意志和愿望积极、充分地表现自身的个性魅力和丰富性。有个性的人是消除一切自发性的完整的人。自由个性的人，就是人的自觉潜能、肉体组织、心理结构和人的需要、自我意识、思想道德观念等的全面发展和完善，最终，人成为自己的社会的主人，从而也就成为自然界的主人，成为自身的主人——自由的人。

人的全面发展的重要表征是需要的不断丰富，这种丰富性包括物质、精神和社会三个方面。丰富人的物质需要是物质文明建设的目的，而丰富人的精神需要和社会需要，则是思政课教学的任务。思政课教学是丰富人的精神世界的重要方式，通过思政课教学，培养人们高尚的政治自觉性和道德观，不断提高审美情趣，形成坚定的信念和理想。

3. 发展的人

思政课教学对象是"人"，是不断变化发展的。因此，思政课教学也应该随着时代的不断变化，培养发展的人。

（1）思政课教学为"发展的人"提供思想保障。思政课教学可以对人们进行正确的伦理道德观念教育，从而使人们树立社会主义的思想道德。

（2）思政课教学为发展的人提供文化保障。思政课教学可以对人们进行正确的文化观念教育，从而使人们自觉地抵制腐朽文化的侵袭。

（3）思政课教学为发展的人提供环境保障。思政课教学可以大力弘扬人文精神，从而使人们在市场经济发展和科技理性膨胀的情况下引导人文关怀。

社会主义市场经济不但有利于解放和发展生产力，增强我国的综合国力，提高人民的生活水平，而且在人们的思想观念方面也发挥了巨大的进步作用，它有利于增强人们的自立意识、竞争意识、效率意识、民主法治意识和开拓创新精神。只有对人们进行深入的思政课教学，才能使人们在市场经济发展的情况下导入人文关怀，培养人的独立性和追求个性的充分发展，不断朝着人的全面发展的方向趋进，从而为思政课教学的发展提供经济、社会环境的保障。

（二）针对性、时代性与多样性的内容观

思政课教学内容是思政课教学目标的具体化，是为实现思政课教学目标而选择的思

想、政治、道德方面的知识、理论、思想、观点、准则、规范等的总称。

1. 研究个人的差异性，加强针对性

通常，受教育者所处的环境、受教育程度、价值观念、生活方式等，在客观上往往存在差异。因此，思政课教学者必须从受教育者的实际出发，只有承认各个受教育者在成长过程中所表现出来的才能和品德的差异，并且按照这种差异给予区别对待，才能增强思政课教学内容的针对性。

在进行思政课教学时，教育者要善于分析，本着坚持"以人为本"理念，根据受教育者的具体情况，研究新情况和新问题。教育者根据一般经验既要做到抓共性，又要抓个别、特殊情况，只有具体问题具体分析，使受教育者恰到好处地受到教育，在知、情、意、行等方面都得到发展，才能达到良好的效果。

2. 研究政策的科学性，增强时代感

在"以人为本"理念下，思政课教学观念发展的一个非常重要的问题是增强思政课教学的时代感。在新形势下，思政课教学内容要增强时代感，必须努力做到：

（1）增强科学精神、人文精神和创新精神的培养。这三种精神都是社会和时代发展要求所要秉持的精神，因而要把这些精神统一纳入到思政课教学的内容体系中去，让受教育者感受、体悟时代的精髓。讲求解放思想、实事求是、坚持真理、反对谬误的科学精神；强调人对人的关注、关心、尊重和理解，热爱生活的人文精神；着重开拓进取、与时俱进的创新思维和创新能力的创新精神。这三种精神本身就显示了时代性的特征。有效地开展与科学精神、人文精神和创新精神相应的内容与实践活动，增强思政课教学的时代感，实现时代和社会发展要求下的人的充分、全面的发展。

（2）研究人的实际需要，增强教育内容的多样性。人本主义心理学家马斯洛认为动机是由多种不同层次与性质的需求所组成的，而各种需求间有高低层次与顺序之分，每个层次的需求与满足的程度，将决定个体的人格发展境界。需求层次理论将人的需求划分为五个层次，由低到高，并分别提出激励措施。人的需要是变化多样的，思政课教学内容要从人的实际需要出发，来增强教育内容的多样性，如生命教育、心理健康教育、人文关怀、人际关系等。

（三）综合性、互动性与实践性的方法观

所谓思政课教学方法，就是教育者对受教育者在思政课教学过程中所采用的思想方法和工作方法，或者说，是教育者为了达到一定的目的对受教育者采用的手段和方式。思政

课教学方法，作为思政课教学活动的中介，是联系思政课教学者与受教育者的纽带或桥梁。

人本主义把人作为自己的研究主题，强调人的真实的或内在的自我，反对把人看作是僵死的机器和无选择的动物，反对忽视人性。每个人都有健康发展的自然趋向，有积极处理多方面生活的可能性，充满真诚、信任、理解的人际关系会促成健康的发展和潜能的实现。因此，要使受教育者能够自由表达个人想法，必须引导个人思想情绪，并自我调适情绪的变化和决定变化的方向，从而改变相应的态度与行为。

灌输与疏导是思政课教学常用的两种方法，传统的灌输理论是单向的，往往效果不佳。在新时期，要改变传统的单向灌输，做到疏导和灌输的统一，达到自然化和情境化。思政课教学方法要实现人性化，思政课教学者应当采用科学的方法和手段。思政课教学以研究思想品德形成的发展规律和思政课教学活动的规律为依据，为此，思政课教学方法应当从人的思想意识和价值取向的个性化出发，建立优化的方法系统，注重方法的系统性、针对性、适应性、多元性和实效性。

思政课教学的方法与手段是多种多样的，并且随着思政课教学实践而不断丰富和发展。以一系列符合人性的教育方法和手段开展思政课教学活动，这是思政课教学规律的内在要求。人性化的思政课教学方法，不但可以提高我国思政课教学的绩效，还能够有效地促进思政课教学的科学化和个性化。可见，采用符合人的发展规律的方法与手段是思政课教学取得成效的保证。

人性化的思政课教学方法能提高思政课教学的绩效。目标、任务决定方法，方法为目标服务，思政课教学的任务、目标在于人性的丰富与完善。因此，思政课教学的方法应当符合人的发展规律，采用符合人性化的思政课教学方法。人性化的思政课教学还可以为枯燥的理论灌输创设一种生动形象的情境，使单调的思政课教学变得富有吸引力和感染力，更好地促成主客体的沟通、交流与双向互动。人性化的思政课教学方法有利于思政课教学者克服工作中的盲目性、片面性和主观随意性，发挥主动性、自觉性，针对不同对象开展有的放矢的教育，提高思政课教学的实效性；人性化的思政课教学方法，有利于缓解受教育者对外来灌输和引导的逆反心理，引导其变被动为主动，自觉分析情况、认清问题、总结经验教训，提高自身的思想政治素质。

总之，只有不断研究和应用人性化的思政课教学方法，才能使思政课教学符合人的思想和行为发展的客观规律，具有科学的属性，取得良好的效果。对教育者而言，人性化的思政课教学方法是思政课教学过程中实现个性化的基本保障。

（四）多样丰富的，具有实效性的载体观

思政课教学对载体的选择和运用体现了人们的主观认识，是一种主体活动。思政课教学载体中有许多同时还是其他活动的形式，甚至有许多首先是作为其他活动的形式出现，然后才为思政课教学所采用的。人们选择哪种形式或不选择哪种形式作为思政课教学载体，虽然受制于该形式的性质和特征，但也明显地受到人们的思想观念和认识水平的影响。为了增强教育的实效性，就必须使教育内容更加丰富，更加有趣，并且紧密联系受教育者的情感需要。

新时期，由于科学技术的迅猛发展，除了思政课教学原有的载体之外，思政课教学的载体也要不断创新，才能促进思政课教学的发展，体现"以人为本"的思政课教育理念。受教育者在参与经济、政治、文化、社会生活中不断提升自我的思想、道德、法制等观念，体现思政课教学核心观念。

1. 高效利用网络载体

所谓网络载体，即"以网络为载体"之意，是指利用互联网开展思政课教学之意。网络载体是载体系统的一种最新形式，它具有开放性、交互性、及时性和平等性等特点。网络给思政课教学带来了有利条件：一是网络上丰富的共享信息为开展思政课教学提供了充足的可用教育资源；二是网络的开放性、交互性、及时性等特点，有助于迅速、准确地了解大学生的思想情绪和他们关心的热点问题，增进相互沟通，开展富有针对性的思政课教学活动；三是参与主体的平等性缩短了人们的心理距离，有助于增强思政课教学的亲和力和说服力。同时，网络也给高校的思政课教学提出了新的挑战。

为此，应本着积极发展、加强管理、趋利避害、为我所用的原则，用正确、积极、健康的思想、文化和信息占领网络阵地。利用网络开展思政课教学，建设好融思想性、知识性、趣味性、服务性于一体的高校思政课教学网站。

2. 借助新兴媒体力量

新兴媒体包括网络、智能手机、数字移动电视等，在传播过程中具有非常大的影响力。新时期，数字移动电视、智能手机随处可见，街道、社区中都有数字移动电视频道在各个时段播出。思政课教学工作可以以生动的内容、活泼的形式，并通过新兴媒体传播出去，这既便于教育者顺利开展工作，也能较好地融入受教育者的现代生活方式，逐步使正确的世界观、人生观、价值观为受教育者所接受并内化为他们自身的价值取向，只有这样，各种外部影响才能被更有效地限制和抵御。

3. 幸福教育载体特性

幸福教育载体主要有以下三个特性：

（1）内容的人性化。幸福是人永远无法回避的、关系自身命运的永恒主题，是每个人追求的目标。幸福教育通过培养大学生的幸福能力来引领其过有意义的生活，是对"以人为本"的最好诠释。此外，因幸福能力与个体人际交往能力、生活能力、情感能力等密切相关，因而幸福教育植根于现实生活和受教育者的特殊生活世界，从而真正实现了人性和生活的回归。

（2）过程的体验性。"幸福教育"就是将相对较高的教师的幸福能力"移植"到幸福能力相对较低的受教育者身上去，使受教育者从主要由教师赋予他幸福渐次转变为主要由大学生自己去创造和享受幸福。虽然幸福教育并不排斥说理的教育方式，但生命体验的教育方式是最受推崇的。师生在体验中进行心与心的直接交流，能更有效地实现幸福能力的"移植"。

（3）影响方式的渗透性。所谓渗透性，是指寓于幸福教育之中的思政课教学内容是在不知不觉中影响受教育者思想和行为的。对于即将迈入社会、走向生活的受教育者，"幸福"是个充满诱惑力的名词，对幸福的追求更是他们的一种期盼与渴望。越来越多的受教育者已意识到"幸福是需要教育的"。在对受教育者进行幸福教育的同时开展品德教育、心理健康教育、世界观、人生观、价值观教育等相关思政课教学，将使大学生在不知不觉中树立正确的思想观念和正确的世界观、人生观、价值观，并着力培养自己良好的个性品质。

第六章 高校思政课教学与中华优秀传统文化融合的时代使命

第一节 中华优秀传统文化与高校思政课教学融合发展的必要性

"中华优秀传统文化与高校思政课目标契合、内容相通，具有融合的必要性与可行性。"[①] 将中华优秀传统文化融入高校思政课教学，应当厘清融入何以必要的问题。中华优秀传统文化具备独特的精神标识，是在多种思想文化的激荡中立足于世界之林的根基。中华优秀传统文化以其厚重和博大，对现代中国社会的构建提供了强大助力。将中华优秀传统文化融入高校思政课之中，有着极为深远的现实和历史意义。

一、有助于传承和弘扬中华优秀传统文化

大学阶段，应提高大学生对中华优秀传统文化的自主学习和探究能力为重点，培养大学生的文化创新意识，增强大学生传承弘扬中华优秀传统文化的责任感和使命感。对优秀文化的传承创新是高等教育的重要使命。近些年来，西方文化价值观借助网络等新兴媒体对我国强势渗透，对我国优秀传统文化体系造成了极大冲击。高校思政课是所有大学生的必修课，也是他们在校接受思政教育的主要方式，有责任也有能力在传承中华优秀传统文化中发挥更加重要的作用。

高校思政课教学过程的循序性可以加深大学生对中华优秀传统文化的认同。大学生入学后按照大纲依次从"基础""纲要"到"概论""原理"的顺序接受思政课教育。高校思政课的教材和大纲是编写者遵循思政教育发展与受教育者的身心发展规律进行编写，教师根据大纲的安排，对大学生进行有计划、有目的的教育。从与生活息息相关的道德法律开始，慢慢过渡到比较抽象的政治哲学等内容，思政课过程的循序性有利于大学生理解和

---

① 陈曾敏. 中华优秀传统文化与思政课的融合维度及实践路径探析 [J]. 辽宁省交通高等专科学校学报, 2022, 24 (2)：51.

吸收教学内容，并内化成自己的思想体系和价值观念。

高校思政课教学内容的丰富性，能在多领域与更多的中华优秀传统文化内容相融合，最大程度地延续优秀传统文化的价值。高校思政课内容涉及哲学、历史、政治、道德、法律等多个领域，涵盖了思想教育、政治教育、道德品质教育等多方面内容，是培育人内在的知、情、信、义等品质的教育。中华优秀传统文化是精神层面的文化积淀，涵盖了思想、生活的方方面面。将中华优秀传统文化在哲学思辨、道德法律、历史政治等多领域与思政课教学内容进行结合，古为今用，以一种教育资源的形式存在，延续传统文化的价值。在融入的过程中，优秀传统文化会被赋予新的时代特征，内涵必会得到丰富，也利于优秀传统文化的现代价值转化。中华优秀传统文化融入高校思政课，必将丰富和饱满优秀传统文化的经典命题内涵，实现创造性发展。

高校思政课教学对象的广泛性和特殊性，能够拓宽优秀传统文化的传承范围，提高传承有效性。高校思政课作为基础公共课，是全国高校所有大学生的必修课，对象十分广泛。将中华优秀传统文化融入高校思政课，引起广大大学生对传承和弘扬传统文化的责任感和使命感，能够感染更多的大学生自愿投入优秀传统文化的学习和弘扬中。同时，高校大学生经过前面阶段的学习，有一定的知识储备和文化功底，更能理解传统文化的丰富内涵和精神，是传承和弘扬中华优秀传统文化的主体力量。作为祖国的希望和民族的未来，大学生朝气蓬勃，思想活跃，充满活力与潜能，更能理解和接受新事物。将中华优秀传统文化融入高校思政课，通过思政课多样性的教学方式，能够使传统文化更好的被大学生所接受，提高传承和弘扬传统文化的有效性。

二、有助于提升高校思政课教学的实效性

近些年来，教育部出台了一系列政策措施支持高校思政课程的建设，这些有力措施极大地推动了思政课教学质量的提升。新形势下提高高校思想政治工作实效性的关键，是提升思政教育亲和力和针对性，满足大学生成长发展需求和期待。

一直以来高校思政课大多数是大课，大学生众多且来自不同的专业，有着不同的成长背景、认知特点等思想特征。中华优秀传统文化蕴含着中华民族共同的文化心理和精神家园，可以为高校思政课教学，提供贯穿"教"与"学"之间的"共通桥梁"。将中华优秀传统文化融入高校思政课教学能够有效提高高校思政课的亲和力和感染力。因为提升思政教育的亲和力和针对性，要求教学内容必须与大学生的思想情感、认知内容产生有效衔接，让他们能够有所触动、有所感发，而中华优秀传统文化在这方面有独特的优势。

一方面，传统文化有着丰富的情感化历史作为支撑，更能引起大学生的感性情绪，将

影响方式从灌输变成唤醒。

另一方面，中华优秀传统文化具有历史延续性和群体潜意识性，传统文化的精神意蕴一脉相承，根植在每个中国人的血液之中，体现在每个中国人的言行举止中，极容易唤起人们的情感认同。在课堂上将其适时融入进去，结合知识点深入浅出地进行讲解，必然会极大地增进大学生的心理认同、情感认同和道德认同，进而提升思政教育的实效性。

三、有助于培育当代大学生的社会主义核心价值观

国家的前途命运与青年大学生的成长成才密切相关。党中央一直倡导将"富强、民主、文明、和谐，自由、平等、公正、法治，爱国、敬业、诚信、友善的社会主义核心价值观"融入高校思政教育全过程，培育大学生积极践行社会主义核心价值观。将中华优秀传统文化融入高校思政课，能助推当代大学生社会主义核心价值观的培育。

当前我国正处于发展战略机遇期与经济转型的关键时期，市场经济的快速发展和人民对美好生活的向往在一定程度上造成了中华优秀传统文化在市场经济下的缺位。同时新时代下，世界多元文化互相激荡冲击，西方多元的价值观以文化渗透的形式对我国大学生进行侵蚀和干扰。所以说，培育大学生的社会主义核心价值观，是高校思政课迫在眉睫的首要任务。

而中华优秀传统文化，正是社会主义核心价值观重要的价值来源。在长期历史的发展中，中华民族形成了一套独具民族特色的思维体系和行为准则，积淀成为中华优秀传统文化的内涵。在漫长的历史中凝结的中华优秀传统文化，潜移默化地影响着每一个中国人的价值观念、思维方式和行为模式。中华优秀传统文化中所蕴藏的价值观念，与高度凝练了我国社会所推崇的价值观念的社会主义核心价值观有许多共通之处。比如中华优秀传统文化中强调重视集体利益、国家利益和民族利益的价值观念，与社会主义核心价值观中的"爱国"一脉相承；传统文化中推崇的"仁爱"原则，追求人际和谐，与社会主义核心价值观的"友善"有异曲同工之妙；中华优秀传统文化中倡导言行一致，强调恪守诚信与社会主义核心价值观中的"诚信"一以贯之，等等。少了中华优秀传统文化的滋养和支撑，社会主义核心价值观就将成为无源之水、无本之木。

培育当代大学生的社会主义核心价值观，必须以传统文化为根基。牢固的核心价值观，都有其固有的根本。抛弃传统、丢掉根本，就等于割断了自己的精神命脉。培养社会主义核心价值观，必须结合新时代中国特色社会主义的时代背景，依托自身的文化传统，立足于中国的历史背景和进程。作为一个新的价值观，社会主义核心价值观必须对传统文化中蕴含的价值观做好继承和创造性转化，增强自身文化底蕴，才能更好地发扬民族自豪

感和自信心，更加深入人心。因此，高校思政课要培育当代大学生的社会主义核心价值观，就必须从优秀传统文化中汲取营养和力量，深挖其思想精髓。

第二节　中华优秀传统文化与高校思政课教学融合发展的可能性

一、中华优秀传统文化是高校思政课的重要价值资源

中华优秀传统文化为高校思政课提供了丰富的教学内容资源和教学思想的补充。中华优秀传统文化包罗万象，包含着丰富的思政教育内容，从世界观、人生观、价值观等方面为高校思政教育的教学内容提供了不竭的内容资源。剖析包罗万象的中华优秀传统文化，不难发现在很多方面，优秀传统文化为教学内容与思政理论课的教学内容有相通之处。比如思政课中的信仰与理想、道德观、辩证唯物主义、辩证唯物法等高校思政课的教学内容，都能在中华优秀传统文化中找到契合点。通过对中华优秀传统文化的深沉内涵进行深入挖掘并进行现代化价值阐释，可以充实高校思政课的教学内容，更好地帮助大学生将高校思政课要传达的价值观念纳入自己的思想体系，指导自己的言行。

中华优秀传统文化中蕴含的教育理念和思想，丰富补充了高校思政课的教学思想。中华民族历来十分重视教育，在历史长河中形成了系统的教育思想体系，在优秀传统文化中独放异彩。其中的很多教育方法，对当今高校思政课仍有深远的借鉴意义。

一是强调分类指导、因材施教。要根据不同学生的特点来进行针对性教育。在开展高校思政课教育时，不能只照本宣科，而要根据学生的特点来进行教学。

二是强调以身作则、言传身教。中华优秀传统文化的教育中，尤其是在道德修养方面，十分重视教师个人品质对学生的影响，对师者提出"为人师表"的要求，即要求师者在人品学问方面都做别人学习的榜样。高校思政课的教师，要充分领悟这一方法的内涵和重要性，显现出诚实、正直、谦虚的个人品德，以及爱岗敬业、遵纪守法、无私奉献等品质，而这些恰好都是高校思政课期望传达给大学生的，以此塑造大学生正面的价值观。

三是强调知行合一、学以致用。理论联系实际、言行一致、有教无类、学思并重等教育理念，对当今高校思政课教学，仍然具有指导意义。

二、中华优秀传统文化与高校思政课人才培养的相通性

在人才培养的目标上，中华优秀传统文化与高校思政课具有一致性。高校思政课在人

才培养方面的目标非常明确，就是通过课堂理论教学和课外实践体验，用马克思主义理论武装大学生的头脑，帮助大学生树立崇高远大的理想信念，培养大学生社会主义核心价值观，形成良好的思想道德素质和法律素质，为逐渐成长为德智体美劳全面发展的社会主义事业接班人打下坚实的思想道德基础，培养他们成为能担当民族复兴大任的时代新人，为中国特色社会主义事业输送合格的建设者和接班人。要达到这个目标，必须同时发挥思政教育理论课的意识形态属性和文化属性。

思想政治理论课的意识形态属性，是指在意识形态领域坚持用马克思主义理论武装大学生的头脑，坚定他们对中国特色社会主义的理想信仰。思想政治理论课的文化属性，体现在思政教育是一种文化形态，以文化传承创新的方式方法来发挥文化育人的功能，培养大学生树立正确的三观，增强大学生的文化自觉与文化自信。文化作为一种无处不在的精神力量，影响着人们的思维方式和生活行为方式，更深远地影响着人们世界观、人生观和价值观的形成。中华优秀传统文化是伦理型文化，"修身、齐家、治国、平天下"育人目标层次鲜明，内涵丰富。优秀传统文化与高校思政课在立德树人方面各有功能，殊途同归。优秀传统文化中"敢为天下先"的担当精神、"天下兴亡，匹夫有责"的报国情怀等，对于今天培育大学生的爱国拥党精神，都有着积极的现实意义。

合格的人才除了必备的专业素质外，人文素质和身心素质方面也必不可少。中华优秀传统文化是人文素质和身心素质的天然教材。传统文化包含的人文文化和人文精神，积淀成一定的道德标准和文化传统，对提高大学生的审美情趣，塑造健康人格，构筑完备的思想体系具有奠基性作用。因此，将中华优秀传统文化融入高校思政课中，提高大学生的文化内涵，以应对新时代下世界多元文化的发展，对于思想政治理论课教学目标的实现，有着特殊的功效。

第三节　中华优秀传统文化与高校思政教育融合发展的内核分析

一、中华优秀传统文化与高校思政教育融合发展的实践意义

"中华优秀传统文化是中华民族独特的文化根源和精神印记，也是我们在世界文化长河中坚守与赓续民族文化血脉的基础。思政课与中华优秀传统文化的融合具有紧密的内在

相关性。"① 我国的传统文化自古以来都很重视伦理价值，重视德智的统一，强调从德的方面来统领智力的发展，这是一套系统的、又有民族特色的教育理论。这套教育理论的产生与发展是一个长期的过程。现在的思政教育，就应该植根于传统文化的土壤，充分吸收中华优秀传统文化几千年来所积淀的丰富营养，发挥优秀道德教育在思政教育中的作用。

（一）发挥优秀道德教育

在教育目标上，许多古代教育家都认为，道德品质形成的过程首先是一种"自求自得"的过程。因此，"立志"也即自己确定一定的道德理想和目标，这是道德教育的首要环节，实际上就是要使教育对象对道德的追求建立在内心驱使的基础上，主动地去追求并实现某种道德的理想，这种理想就是要成为"仁者爱人"的"君子"。以立德立志为目标的传统文化和教育目标，几千年来一直在中华民族内部和中国社会环境中不断传承，成为民族共通共认的追求理念。而当前，我国高校思政教育的目标就是培养有理想、有追求、有担当、有作为、有品质、有修养的新时代青年大学生，即培养"六有"好青年，这种培养目标是坚持马克思主义思想的必然要求，也是扎根于中华大地，继承于中华优秀传统文化，培养符合新时代需要的有志青年的必要选择。这些要求和目标同古代的教育家在目标上是相通的。"立德树人"也是现今高校思政教育的根本任务，要以社会主义核心价值观为引领，让大学生能够树立起正确的认识，有远大的理想和人生抱负。

在教育的内容上，我国传统文化的思想也很丰富，形成了独具特色的中华传统文化与教育体系。高校思政教育主张大学生要通过自己的修身，树立起正确的理想信念。对理想信念的高度重视和追求，造就了高校思政教育和中华优秀传统文化先天性的、自然而然的内在紧密联系，使得思政教育在开展过程中很容易在中华优秀传统文化中找到属于可以借鉴融合的思想内容。将这种既拥有厚重历史文化气息，又拥有强烈时代使命与责任感的思政教育内容呈献给当代大学生，必然能够帮助自己树立起一种自强不息、奋发有为的精神，才能更好地造福于社会，造福于人民。

在教育方法上，作为中国历史上伟大的教育家，孔子注重"学思结合"和"启发诱导"的教学指导思想，他充分地认识到了灌输式教学的弊端，所以，在反思的基础上提出了"善喻"，这是一种形象生动的教学方式，也就是启发式教学，通过调动学生的积极性进行教学。自古以来中国的传统文化就对教育方法的创新高度重视，并积累了很多成效显

---

① 葛民建，徐文琴. 新时代思政课与中华优秀传统文化教育融合的实践探究［J］. 知识经济，2023，650（22）：178.

著的经验。思政教育要想创新思政教育的方法，必须从传统教育方法中寻找答案，在新时代和新环境下创新思维，改进老办法，采用新办法，要结合当代青年大学生的成长环境和思想特点，做好调查研究，了解学生的学习特点、学习需求和接受行为模式，针对性地设计思政教育的新体系和运行机制。只有这样，才能激发起大学生的兴趣，提高他们主动学习和理解的热情，而不是单纯地、机械性地将这些思想政治理论的知识点强加到青年大学生身上。

在将中国传统文化融入高校思政教育时，要特别注重对中国传统文化优秀的教育思想、教育目标和教育方法做创造性的转化，使其能够得到创新性的发展，找到两者最好的契合点和实现途径。

一方面，改革原来的课堂式教学模式，注重探索和提升思政教育的吸引力，做到让学生愿意听、愿意学。

另一方面，大力提高思政教育教师的素质，教师自己要先成为一个思想过硬、素质优秀的人。要加强思想政治教师与中国传统文化教师队伍的师资整合力度，充分发挥两部分专业教师在原有学科知识储备和科研教研能力的优势，通过集体备课、项目课程研发、教学活动设计等方式，盘活高校思想政治课程体系，构建开放的、多维的、立体化的思政教育课程群和课程讲授模式，只有思想政治课程的主体教授者有活力、有激情、有吸引力，才可能将思想政治课堂变成有广度、有宽度、有深度又有温度、有热度的课堂。

（二）发挥大学生主体作用

在高校思政教育中，大学生是占主体地位的。只有充分发挥大学生的主体作用，才能实现思政课以德育人的预期目标。

第一，加强教育的引导，不断挖掘对思政教育课程的趣味性和吸引力。将优秀传统文化巧妙地融入思想政治课堂，让大学生认识到中国传统文化中的优秀基因，激发他们进行自我学习和探索的热情。

第二，尊重学生，循序引导。通过思想政治课程的教学改革，进一步加大实践教学改革力度，增设设计性、综合性、体验性、创新性课程模块，引导大学生通过团队协作、社会调查、人物访谈、项目设计、展示论证等方式，使他们真正去搜集信息、梳理要点、加强体验、探索根源、整合资源，通过个人真实体验、团队交流共享、教师宏观指导，在行动探索过程中扩大对中华优秀传统文化的知识面，引发他们对国家历史与社会现实的深度思考，在团队研究中深切体会中华优秀传统文化的博大精深与永恒魅力。

第三，营造积极的文化氛围。加强优秀传统文化第二课堂活动的专业教师指导队伍建设，优化优秀传统文化校园活动的内容选择和细节设计，打造以传统文化传承为主题的校园文化品牌活动，开设传统文化讲堂，邀请在文学、艺术、文化等方面有造诣的学者来校开坛讲学，同时加强校外文化基地建设，有效利用社会文化教育资源，多角度、多层面地潜移默化地感染大学生，引导他们积极参与第二课堂活动，融实践性、趣味性、知识性、主动性为一体，帮助他们发现对中华优秀传统文化的兴趣点，达到扩大传统文化知识面，提高文化鉴赏品位，影响他们的思想观念、价值标准、道德行为，以期达到完善健全人格的目的。

二、中华优秀传统文化与高校思政教育融合发展的应用价值

我国思政教育的主要目的是"育人"，"育人"当然不能脱离我国的文化环境。思政教育本质上是在历史中传承发展下来的，当然不能脱离传统文化而存在。中国传统文化和西方的"智性文化"不同的是，中国传统文化更讲究"育人"的道德层面，中国自古就有崇德尚仁的观点，要成为一个合格的人，就一定要有高尚的思想道德。中国传统文化是一种"德行文化"，中国古代道德教化在教育中占有重要的地位，并且在发展过程中形成了较为完备的体系，很多优秀的思想意识和精神培养就从中发端而来。例如，谦恭有礼、爱国爱家、孝敬父母等。

中国传统文化具有非常突出的强化道德完善的色彩和要求，这有助于维护人与人、人与社会以及人与自然之间的和谐共处，避免矛盾与冲突，有利于社会的稳定，在推动历史发展上具有极大价值。中国传统文化强调道德修养和道德教化，这不仅推动了历史发展过程中的德育，培养了诸多道德品质高尚的仁人志士，也为当前高校思政教育提供了良好的历史渊源和文化支撑。两者相互渗透、融合必将促进我国思政教育事业的不断创新发展。

新时代，思政教育工作更应该从中华优秀传统文化中汲取营养，凝聚适应于新时代人才培养目标的内在力量，在传承的基础上进行大胆创新，以期形成"文化育人"新格局，提升思政教育工作的科学性和内涵性，打造高等教育事业新高地。

（一）有助于增强民族凝聚力与培养爱国主义精神

文化具有民族性特征，也就是说某种特定文化，其一定是和特定民族紧密联系在一起的，是维系这个民族统一化的力量，是这个民族特有的思想观念和生活形态。中国传统文化是由中华民族创造出来的，所有中华儿女都受它的影响，并内化为自己独特的思想观念和生活形态。一个民族长期共同生活，同时开展共同社会实践活动，就会在此基础上形成民族文化，这是本民族集体智慧的结晶，它体现在民族生活的方方面面，延续在民族发展

的整个过程中。无论是顺境还是逆境，它都会积累巨大的力量，在需要的时候发挥出来，让任何想破坏民族团结的企图无所遁形。由于共同的文化心理，每位中华儿女，对于中国传统文化，都有一种亲切感。

爱国主义是中华民族的优良传统，也是民族精神的重要内容。是中华民族繁衍生息、充满生命力，始终自立自强于世界民族之林的根本核心力量。继承和弘扬爱国主义优良传统，是对每一个公民的基本要求。民族凝聚力是一个民族、一个国家内部的一种强有力的、持续不断的向心力，是在基本目标一致前提下的一种团结奋斗的力量。民族凝聚力的增强和爱国主义精神的培养，不仅仅关系到个人的发展，更关乎民族和国家的未来。这些宝贵的精神财富贯通于中华民族五千年的发展历史，在中国传统文化的精髓中熠熠生辉。高校思政教育中加强中国传统文化教育显得尤为重要，在传统文化中积极挖掘思政教育资源，是对传统文化所蕴含的民族精神的继承和弘扬，对增强民族文化认同感，树立民族自尊心和自信心，增强民族凝聚力有巨大的推动作用。有助于继承和弘扬爱国主义优良传统，培养爱国主义精神。

（二）有助于提高思想道德素质与文化素养

中国传统文化的核心价值取向是崇尚道德。加强道德教育，提高道德影响力是中国传统文化几千年来的优秀传统。在我国古代的教育体系中，有着众多的学科，春秋战国时人们就要学习礼、乐、射、御、书、数六艺。但是，这些教育并不是我国古代教育的最终目的，古代在学科教育的同时，更加注重对于人们德行的培养，中国古代强调的是德才兼备的人才，而不是有才无德，或是有德无才。一个人只有既有知识，又有崇高的道德品质，才能达到成为"君子"、成为"圣人"的标准，才能真正成为一个理想的人。这种观念，在中国几千年的历史长河中一直没有改变，由此也可以看出中国古代教育对于人们德行塑造的重视。

将中国传统文化中优秀的德育思想不断融入思政教育，不仅有助于中国传统文化自身的发展，也有助于改变我国当前思政教育工作中过分偏重理论灌输的教育模式、受教育者消极被动等教育困境，有助于消除功利主义、享乐主义、拜金主义、个人主义等各种不良的价值观对人们的消极影响，有助于人们树立正确的世界观、人生观与价值观，提高人们的思想道德素质和人文文化素养。

面对我国高等教育发展面临的改革难题，其"立德树人"的教育导向，要求思政教育工作者必须坚守政治站位，明确"又红又专"的培养目标，这与中国传统文化"仁义礼智信"的育人理念不谋而合。在高校思政教育工作中，中华优秀传统文化是"立德树人"

的源头活水，重塑中国传统文化的精神内核，与思政教育工作融会贯通，能够更好地提升当代青年学生的思想道德水平，帮助其在价值养成的关键时期，系好人生的"第一粒扣子"。与此同时，在中国传统文化教育实践中，更加注重个人素养的全面提升，对于当今高等教育多学科融合背景下复合型人才的培养具有借鉴意义，以文化人、以文育人，真正实现"德才兼备"的人才培养目标。

（三）有助于挖掘更加丰富的思政教育资源

中国传统文化历来非常注重对于人们道德素质的培养。因此，古代教育非常重视道德教化，并且强调要在实践中自省，在外在的言行上表现出自己的道德修养来。这些中国传统文化的教育思想，充分体现了"以文化人"的教育精神。这些思想沉淀下来，成了当代思政教育的宝贵资源，在高校思政教育中，也要坚持这样的教育准则，以提高大学生的思想道德修养。

首先，中国传统教育追求的是要塑造具有圣贤的人格特点，道德品格培养和社会责任意识一直居于古代教育的首位，古人提出了很多关于君子、圣人的标准，要求人们去实践、去提升，直至达到"止于至善"的境界，这是最高的道德层次。

其次，中国传统教育注重培养人们的整体观念，要求人们不能以个人主义、功利主义为导向，而是要将国家和民族利益放在个人前面，在修养上追求天人合一，要有一种和而不同的处世态度，要有一种开放融通的创新精神，对人、对社会要诚信，不欺人，要追求内圣外王的理想人格与人生取向。

再次，中国传统文化注重言传身教，强调教育应该遵循身正为范、因材施教、循序渐进等基本原则。

最后，中国传统教育在教育方式上强调要"知行合一"，知和行要统一起来，学和思要结合起来，要经常反省自己的言行是不是合乎君子圣人的标准，有则改之，无则加勉，就算是一个人独处，也不能违背道德准则，要达到"慎独"的标准。中国传统文化中自强不息、信义勤俭、爱国向上、报国修身等思想内容不断为我国思想道德建设提供重要的道德原则和价值尺度。

中国传统文化中的思政教育资源是非常丰富的。重新审视存在于中国传统文化中的思政教育资源，发现它的教育价值，并且将其与现在的思政教育有机地结合起来，进一步完善思政教育课程体系，提升思想政治育人的实效性，巩固思想政治育人的主阵地，综合校内外各类社会文化资源，对于打造立体化、多维度的思政教育育人体系是非常有必要的。与此同时，在这种有机的结合中，思政教育也可以极大地促发大学生们主动去开发传统文化中有价值的资源，形成一个良好的循环。

（四）有助于拓展思政教育学科的创新途径

随着经济社会的发展，各门学科的边界正在被打破，一门学科要想创新，就需要和其他学科融合，交叉渗透。这种交叉，其实是科学发展的必然，没有哪一个学科是能单独存在的，所有的学科都包容着其他学科的知识。只有这样，学科才能进行创新，获得新的生命力。思政教育也不例外，思政教育课程与很多学科有着交叉渗透，从内容上看，包含有哲学、历史学、心理学、美学等方面的内容，它涵盖着多种和"人"有关的学科。而思政教育要想发展创新，也必须要和这些学科深度交叉融合。

推动中华优秀传统文化与高校思政教育互相交叉渗透融合，能够充分挖掘和发挥中华优秀传统文化在思政教育过程中的育人功能、稳定社会功能和整体凝聚功能，拓展了思政教育研究的新视角，把植根于中国人内心的优秀传统文化精神与马克思主义中国化理论相结合，是引领高校思政教育良性健康持续发展的必由之路和科学选择，积极探索中华优秀传统文化传承与经济建设、民主法治进程推进、先进文化传播、社会治理现代化等的深度融合方式，亦成为思政教育创新的途径之一，这也是步入大数据时代中国必须面临的文化建设与思想道德建设应有的责任与担当。

第七章　高校思政课教学与中华优秀传统文化的融合实践

第一节　高校思政课与中华优秀传统文化资源融合的三重向度

党坚持以社会主义核心价值观引领文化建设，注重用社会主义先进文化、革命文化、中华优秀传统文化培根铸魂，广泛开展中国特色社会主义和中国梦宣传教育，推动理想信念教育常态化、制度化，完善思想政治工作体系。因此，推动中华优秀传统文化融入高校思政课，是涵养社会主义核心价值观、落实立德树人根本任务的重要举措。为此，以下从中华优秀传统文化融入高校思政课所具有的理想向度、价值向度和实践向度的角度着手，充分挖掘中华优秀传统文化中的传统美德、人文精神和核心思想价值，进一步丰富高校思政课的教学内容，创新教学方法，提升思政课教学效果。

一、理想向度——为中国特色社会主义建设事业服务

理想向度是中华优秀传统文化资源融入的最终指向和目标旨归。实现这一理想向度，就要在思政课中，充分融入中华优秀传统文化资源，严格对标立德树人目标，把准马克思主义与中华优秀传统文化的关系，突破传统文化与现代化对立的思维藩篱，坚定受教育者对马克思主义和中华优秀传统文化的自信心，固本培元，更好地为中国特色社会主义建设事业服务。

(一) 严格对标立德树人育人目标

立德，强调的是受教育者个人品德的养成；树人，注重的是受教育者综合能力的培养。立德是树人的前提。

高校思政课教师要坚守为党育人的初心，坚持为国育才的立场，为国家立心，严格对标立德树人目标。要充分挖掘中华优秀传统文化中丰富的修身养性、慎独自律等伦理道德教育资源，凸显中华优秀传统文化的时代价值。此外，还要充分挖掘中华优秀传统文化中

丰富的家国情怀、无私奉献、廉政文化等资源，运用丰富的爱国主义、奉献精神、廉政故事题材，讲好国家功勋故事、人民公仆故事、时代榜样故事，从而有效利用中华优秀传统文化培根铸魂。

（二）把准马克思主义与中华优秀传统文化之间的关系

中华人民共和国成立以来所取得的经济快速发展和社会长期稳定两大奇迹，毋庸置疑证明了马克思主义的"行"和中国共产党的"能"。因此，高校思政课必须强化马克思主义理论教育。中华优秀传统文化是当代中国最深厚的文化软实力。高校思政课离不开中华优秀传统文化的支撑。因而，思政课教师要分清主次，发挥中华优秀传统文化的服务作用，坚决维护马克思主义的权威地位，提高马克思主义话语权的自信力、主导力。在融入过程中，还要引导学生认知中华优秀传统文化对于马克思主义中国化的不可或缺性，深挖中华优秀传统文化与马克思主义的同构性元素和互补性元素，对马克思主义进行中国式的阐述和表达，在求同存异中输送文化素材和文化营养，为马克思主义中国化理论成果添砖加瓦、强肌健骨，赋予新的时代内蕴，主动把握时代脉搏，洞察时代风云，增强对现实问题的解释力。

（三）理解中华优秀传统文化与中国式现代化的相融性

中国探索现代化道路是在西方坚船利炮下的被动开启，是对传统社会进行反思的主动启程，是在对传统文化的批判中起步，是弃"天朝上国"转"以西方为师"。因此，国人以西方现代化的模式、路径、标准为范式，来认知、接受、设想中国式"现代社会"，潜在地以西方的文化标准来评判中国传统文化。这种先在性地设定"现代"是对"传统"的超越，是以牺牲传统为代价来实现现代化，也给中国传统文化带来了诸多偏颇的判断和不公正的待遇。

然而，今天的中国已经走出了一条超越西方的中国式现代化新路。中华优秀传统文化资源在这条新路上发挥了重大作用，并实现了与中国式现代化的有机融合。所以，高校思政课教学若要融入中华优秀传统文化资源，就要突破既有的传统文化与现代文化的二元对立，跨越在旧认知中被人为设置的裂缝，从中国特色社会主义现代化的视角出发，讲清中华优秀传统文化在中国式现代化进程中的巨大作用，讲明它同中国式现代化建设的水乳交融，讲透它与中国式现代化之路的共生共荣。

二、价值向度——为高校思政课教育的守正创新服务

价值向度，是中华优秀传统文化资源融入的价值取向和意义指向。它要求在融入中讲

透中国历史性成就背后的传统文化优势，讲清党的传统文化观的百年嬗变，将中华优秀传统文化的传承、创新、传播的最新成果融入高校思政课，实现中华优秀传统文化资源的系统性融入、中华优秀传统文化内容的活态化融入和中华优秀传统文化元素的多样化融入。既守中华优秀传统文化之正，立足经典，讲清中华优秀传统文化基因，又对标中国特色社会主义建设需求予以创新性解读，推陈出新，使中华优秀传统文化在守正中延续、在创新中发展。"中华优秀传统文化是中华民族的宝贵精神财富，对于引导国人思想意识、行为习惯有着重要作用。"①

（一）系统性融入

第一，在宏观层面，要在高校思政课教学中实施系统的中华优秀传统文化教育，使大学生准确认知中华优秀传统文化的生成背景、文化结构、基本精神和人格范式等，达成共识，避免相互矛盾，前后抵牾。

第二，在中观层面，要结合国家大政方针，融入国家传统文化工程的最新成果，尤其要有效融入中华文化资源普查工程、系列文化经典、中国传统节日振兴工程等中华优秀传统文化传承保护重点项目的最新成果，以全新的研究成果吸引大学生，提升其对中华优秀传统文化的认知。

第三，在微观层面，要挖掘区域传统节日、非物质文化遗产项目、农耕文化、家风家训建设等资源，讲好传统地域文化"重生"的典型案例，充分发挥优秀地域文化影响、涵养及教育人的功能。

（二）活态化融入

一要挑选具有时代精神的中华优秀传统文化作品融入。要从"文化信仰、文化理念、文化仪式、文化符号、文化产品"五大维度生产体现中华文化的格局与气度、反映时代精神谱系、饱含传统文化精华的作品与产品。例如，剖析北京奥运会开幕式、闭幕式以及春节联欢晚会等精彩片段中所包含的中华优秀传统文化元素，梳理中华优秀传统文化元素的演变历程，以与时俱进的中华优秀传统文化教育大学生。

二要选择接地气的中华优秀传统文化案例融入。要遴选贴近百姓日常生活的中华优秀传统文化案例，用较为常见的传统文化器物展览、节日民俗表演、非遗技艺展示等形式融入思政课教学，增加讲解的通俗性和趣味性，从而增强大学生对中华优秀传统文化的认同感。

---

① 王伟伟. 中华优秀传统文化思政教育价值与应用策略 [J]. 中学政治教学参考，2023（15）: 5.

（三）多样化融入

第一，强调讲授式融入。采用讲故事方式激活文本、文物漫谈方式激活器物、创作背景分析方式讲透作品，用声情并茂的讲解增强思政课的感染力，提高大学生对中华优秀传统文化的认知，进而提升思政课教学的实效性。

第二，做好参与式融入。运用契合思政课主题教学的中华优秀传统文化，开展情景剧创演、文物观展及文物故事收集、传统文化微视频的制作等参与式活动，使大学生感悟、了解、掌握中华优秀传统文化。

第三，重视沉浸式体验。面对"数字时代的原住民"，利用"云直播"、VR 技术、全息技术等新技术，开展"思政诗词会""思政经典咏流传"等沉浸式活动，使大学生感受中华优秀传统文化的魅力，从而有利于中华优秀传统文化与高校思政课教学的深度融合。

三、实践向度——为高校思政课教学的优化实践服务

实践向度是中华优秀传统文化资源融入的实践指向和实施路径。实现坚定政治信念、坚守政治信仰、立德树人、为党育人、为国育才这一主要目的，高校思政课是领舞。课程思政使各类课程与思想政治理论课相向而行，形成协同效应，是共舞。实现融入的实践向度，就要将中华优秀传统文化资源所蕴含的丰富的思政元素融入高校思政课程和其他专业课程，使其充当思政课程与其他专业课程的连接纽带，从而优化思政课教学实践。

（一）融入高校思政课程

第一，服务于思政课教育的目标。思政课程教育的目标主要是进行思想教育，坚定政治信念。中华优秀传统文化是高校思政课教学取之不竭的宝贵资源。要用中华优秀传统文化资源丰富思政课程教学内容，增强思想性，以中华优秀传统文化的博大精深厚植思政课程的文化内蕴、强大文化支撑，用中华优秀传统文化的亲和力增加思政课程的亲和力。

第二，满足各门思政课程需要。实现中华优秀传统文化与各门思政课程的有效对接。高校思政课程是一个有机整体，各门课程既各有侧重，又相互呼应，是理论教育、历史实践和生活实践的统一。

因此，中华优秀传统文化的融入，要结合各门思政课程的定位与目标、特殊性和侧重点，有针对性地选择、有效地对接融入的内容和重点，防止融入的趋同性和重复性。

（二）融入其他专业课程

挖掘中华优秀传统文化资源中与其他专业课程相契合的内容，并充分利用中华优秀传

统文化的思政资源与专业课中的思政元素有效整合，充分挖掘中华优秀传统文化内涵，实现课程教学中的知识传授与价值引领的统一。例如，在艺术类课程中，分析冰墩墩、雪融融蕴含的中华优秀传统文化元素；在体育类课程中，分析谷爱凌等奥运冠军所体现的家国情怀；在农学类课程中讲好乡村振兴的故事等，从而在中华优秀传统文化资源有效融入其他专业课中落实立德树人根本任务。

（三）构筑课程连接纽带

中华优秀传统文化体系庞大、内容丰富，既有人文科学的内容，又有社会科学的内容，还包含自然科学的内容，具有连接思政课程和其他专业课程的天然优势。这就要求中华优秀传统文化的融入，既要把准自身的辅助地位，做好融入的本分，又要充当思政课程与其他专业课程的黏合剂。根据不同课程的教学需要，既要对不同类别的中华优秀传统文化的思政元素进行同视角解读，又要对相同类别的中华优秀传统文化资源中的思政元素进行差异化解读，从而实现思政课程与其他专业课程的无缝对接，构建"大思政"格局，形成育人合力，更好地服务于高校思政课教学实践。

第二节　高校思政课与中华优秀传统文化资源融合的路径探索

中华优秀传统文化经过几千年的积淀，蕴藏着丰富的资源和内容，对高校思政课的借鉴价值不言而喻，是值得高校思政课继承和创新的宝贵财富。因此，必须积极探索如何将中华优秀传统文化更好地融入高校思政课之中。应当树立主体性教学理念，从教师的教学能力、课堂教学、实践教学和教学方法等多方面着手，切实增强融入融通的实效性。

一、不断提升教师运用传统文化的教学能力

教师在思想政治理论课堂上居于主导地位，是决定一堂课成功与否的关键因素。所以，将中华优秀传统文化融入高校思政课，首先应当提高教师的意识，使他们能够认识到中华优秀传统文化融入高校思政课的重要价值，并自觉主动地在思想政治理论课教学中融入中华优秀传统文化。这就对教师的传统文化素养和教学能力提出了较高的要求。

（一）提高传统文化素养

作为知识和传统文化的传播者，教师要在思政课中得心应手地引用传统文化，重视自

身的传统文化积累。这就需要教师自身在课余多努力，提高对传统文化的兴趣，自觉涉猎优秀传统文化知识，加深对中华优秀传统文化的研究，增强对优秀传统文化的掌握和运用能力。

此外，教师必须提高自身道德修养并时刻注意自己的言行，教师的率先垂范，是对大学生最好的言传身教。教师应当具有高尚情操和人格魅力，在提高自身素质的基础上，指导大学生形成正确的世界观、人生观和价值观。同时，学校的相应支持也必不可少。如可以对教师加强关于中华优秀传统文化相关的培训，多举办相关讲座，邀请相关专家，对教师进行熏陶。当然也不能忽略校园环境和氛围的育人功能，高校在规划和建设校园的过程中，可以适当加入中华优秀传统文化元素，提升校园的文化品位，对师生进行潜移默化的影响。

（二）提高自觉运用意识

第一，应当在思想政治理论课课程标准中明确中华优秀传统文化融入高校思政课的要求和导向，指导教师在思政课教学实践中运用传统文化。同时在教材中，对相关知识点进行更明确的指向和规范的转化，使教师有统一的教材规范可依，在教学中能更得心应手地引入中华优秀传统文化。

第二，高校应当设立相关指标，将教师在课程教学中运用中华优秀传统文化的相关情况纳入教学评价体系和考核体系，对教师形成一定的刚性要求。

第三，对在思政课教学实践中成功运用中华优秀传统文化的优秀示范课程，应当向教师进行大力推广，充分发挥示范课程的带动作用，使教师在潜移默化中提高意识。此外，还可以定期举行教师交流会，互相交流分享相关教学经验，提高教师将中华优秀传统文化引入教学的意识。

（三）同步提高教学能力

归根结底，两者融通必须要落实到高校思政理论课课堂本身。教师应当深入研究思想政治理论课的课程标准和教材内容，明确教学目的和重点，探求将中华优秀传统文化内容或精神合理融入思政课的契合点，在对教材深加工的基础上将教材内容进行拓展，引入相关的中华优秀传统文化资源，以便在课堂上进一步开阔大学生的视野，提升思政课堂实效。同时，教师应当遵循教学活动的逻辑性和目的，不能将中华优秀传统文化进行生硬的加塞，融入应当为课堂教学目的服务。

此外，教师应当提高课堂教学的组织管理和把控能力，善于发动大学生积极参与课堂教学，通过多形式的教学方法，将中华优秀传统文化更好地融入课堂教学。

二、创新中华优秀传统文化融入的教学方法

从教学方法上促使优秀传统文化融入高校思政课，必须联系时代背景，了解大学生的思想境况，遵循大学生身心发展规律，采用大学生喜欢的恰当的教学方式，让优秀传统文化融入思政课堂。传统的封闭式教学，单项灌输式教学已经很难适应当下的现实要求。要将两者进行融通，教师务必打破传统，创新课堂教学模式，从封闭式教学向开放式教学、从单项灌输式教学向双向互动模式转变。

（一）创新理论教学方式

教师在教学过程中，必须树立大学生主体的教学理念，教学以启发大学生为主线，充分发挥大学生的主动性和能动性。

第一，教师可以进行探究性教学，通过互动启发式教学方式，调动大学生积极参与到课堂中来。在进行启发式教学时，要注意教学内容和大学生的身心适应情况，也应当注意教学方法与教学内容内在的契合。

第二，转换权威式结论教学方式，向问题研讨式教学转变。优秀传统文化与高校思政课的有机结合，本来就应当是开放的主题。教师应当根据具体授课内容，设置中华优秀传统文化相关问题和案例，以问题为导向，通过小组讨论、社会调研、答辩等环节来引导大学生自主思考传统文化的问题。让他们在探究中进行深入了解和认同，主动将中华优秀传统文化内化于心。

第三，要采取开放式教学。开放式教学包括了教学观念、教学形式、教学内容等方面的"开放"。教师应当在讲授教材的基础上，根据大学生的现实情况和专业特点，灵活添加中华优秀传统文化的内容，为大学生提供鲜活的知识和与时俱进的信息。同时灵活采取课堂辩论、学生主讲教师点评等方式，来充分发挥大学生的学习兴趣，激发他们研究中华优秀传统文化的兴趣。

（二）丰富理论教学载体

思政课教师还可以借助发达的大众传媒技术，丰富教学资源和载体。互联网的快速发展，日益改变着传统的教育和学习方式，大众传媒本身已成为弘扬中华优秀传统文化的重要角色。教师在上课时，应当借助大众传媒选取大学生感兴趣的话题，提高他们兴趣，引起共鸣。大众传媒给高校思政课的教学手段和方式也带来了全新的拓宽，教师应当充分利

用网络这一载体进行教学方法的创新。如教师可以设计出品高校思政课的网站和微信公众号，推送有关传统文化和思政课结合的信息，通过多媒体运用，以图文并茂和生动活泼的形式，与学生进行思想和情感的渗透与互动，使学生既学习了相关思政课内容，又受到中国传统文化的熏陶。当然，运用大众传媒技术要注意对内容和形式的把关，不能喧宾夺主，内容和形式应当为教学目的服务。

此外，教师还可以开展课堂活动，如课堂观影、课堂演讲等方式丰富教学形式，积极引导学生进行思考。通过丰富的资源和形式，提升大学生对中华优秀传统文化的兴趣，提高高校思政课的实效性。

三、将优秀传统文化融入高校思政课堂教学

"文化是一个国家、一个民族的重要文明标志，也是当今世界各个国家竞争的一个重要领域。"[①] 从教学内容上将优秀传统文化融入高校思政课，应当在保持思想政治理论课体系完整的基础上，结合各门课的特点和内容，明确传统文化的根源性作用。

（一）融入"基础"教学

"基础"的内容主要是理想信念教育，弘扬中国精神，引导大学生树立正确的三观，提升道德素养等。这是与中华优秀传统文化结合最紧密的高校思政课，修订后的教材中不少章节都有涉及传统文化的内容。因此，在基础课中引入中华优秀传统文化，应当按照章节内容，抓住传统文化中"志当存高远"的理想观，"虽九死其尤未悔"的信念观，"君子有道"的道德观等契合点，开展价值观、道德观和法律观教育，引导大学生进一步塑造自己。

例如，理想信念教育就可以在坚持马克思主义理论和习近平新时代中国特色社会主义思想的指导下，以中华优秀传统文化为重要的转化资源，进行展开。促使大学生追求远大理想，坚定马克思主义崇高信念，引导大学生坚持个人理想与中国特色社会主义共同理想相统一，为实现中华民族的伟大复兴而努力奋斗。中华优秀传统文化中儒学中有系统的"三纲八目"学说，所谓"三纲"，即明明德、新民、止于至善，"八目"是"格物、致知、诚意、正心、修身、齐家、治国、平天下"，强调了立世为人应当树立的追求目标。这一学说是具有浓厚实践色彩的人生追求阶梯，铸造了一代又一代中国知识分子的人格心理，将自身价值实现与国家发展相结合，是中国知识分子朝思暮想的追求。这与"基础"

---

① 郑天祥. 高校思政课与中华优秀传统文化融合研究 [J]. 中国军转民，2022（20）：72.

大纲中引导大学生树立社会主义远大理想的教学目标不谋而合，在教授此方面内容时，可以引入相关理念，引导大学生树立远大的社会主义理想，并为之躬身实践的理想信念观。

（二）融入"纲要"教学

"纲要"介绍了中国近现代的仁人志士为中华民族的独立和国家富强前赴后继，努力拼搏并最终选择社会主义的历史。将传统文化融入该课程时，应当引导大学生加深对民族精神的认同感，升华爱国主义情怀，从而深刻理解与认同历史和人民选择中国共产党、选择中国特色社会主义的必然性。

第一，传统文化在这一过程中起到了重要的作用。高校应该引导大学生认识到，中国的传统价值观念如孝道、忠诚、仁爱等，一直贯穿于仁人志士的行动中。这些价值观念激发了他们对国家的热爱和对人民的责任感。通过深入研究传统文化，让大学生更好地理解这些仁人志士为何选择了奉献和牺牲。

第二，帮助大学生理解社会主义的意义和价值。在近现代历史的背景下，中国选择了社会主义道路，这是为了实现国家的独立、富强和民族的解放、人民的幸福。通过教育，让大学生更好地理解社会主义的核心原则，如平等、公正和共享，以及这些原则如何与中国传统文化相契合。

第三，激发大学生的爱国主义情感。通过深入了解仁人志士的故事和中国近现代历史的发展，可以培养大学生对国家的热爱和对人民的责任感。这将有助于他们更深刻地理解和认同中国共产党和中国特色社会主义的必然性，以及这两者是如何为中国的独立、富强和民族的解放、人民的幸福作出巨大贡献的。

（三）融入"概论"教学

"概论"介绍的主要是马克思主义中国化的主要理论成果以及当前我国的政治经济外交制度，侧重于在政治和思想上引导大学生把握中华优秀传统文化与马克思主义中国化理论的内在联系。马克思主义中国化理论是几代中国共产党人以马克思主义为指导，依托中华优秀传统文化，结合当时中国的实际国情，在实践中形成的一系列独具中国特色的理论成果。马克思主义中国化理论体系里所倡导的价值观念和精神内涵，大多渊源于传统文化。将传统文化融入该课程时，应当引导大学生在了解国情的基础上，深入理解马克思主义中国化的基本规律和经验，培养大学生的民主自豪感和自信心，激发他们建设中国特色社会主义的热情。

(四) 融入"原理"教学

"原理"是对马克思主义哲学基本原理的介绍。剖析马克思主义哲学和中华优秀传统文化,可以发现不少共通点,应当深入挖掘马克思主义基本原理与中华优秀传统文化的理论契合点和相通性,在课堂上运用传统文化的相通思想来更形象生动的进行讲解,对马克思主义原理进行更丰富的阐发。这既能够使有关传统文化的古老概念上升到科学理论的高度,得到现代化的阐释,又可以使马克思主义基本原理更为生动具体和中国化,使大学生能深入把握马克思主义的世界观和方法论,在深刻理解社会发展规律的基础上坚定实现共产主义的崇高理想。

在授课过程中,教师可以借助中华优秀传统文化中大学生耳熟能详的话语形式来对授课内容进行表述,使课程更易被大学生理解和认可。同时,在授课过程中,对中华优秀传统文化相关思想内容中存在的局限性,用马克思主义基本原理来进行辩证的解析,使大学生在比较中理解,加深领会和印象。

四、将中华优秀传统文化融入高校思政实践课

实践课是对思想政治理论课的补充、延伸和拓展,能拓宽思想政治理论课的授课渠道。当前高校思政课教学大纲中,专门设置有实践课时,要从中华优秀传统文化中汲取营养,重视课堂教学与课外体验结合,推动中华优秀传统文化实践体系的建构和完善。

(一) 开发中华优秀传统文化资源,开展实践教学

高校应当积极开发当地优秀传统文化资源来支持实践教学,如烈士陵园、博物馆、纪念馆、名胜古迹等富集优秀传统文化资源的场所,开设校外实践教学育人基地,以便开展各种后续思政教育活动。

另外,要充分利用教学基地定期开展实践教学,如吸纳大学生参加博物馆、纪念馆讲解活动,使其在理解的基础上运用,在运用中铭记和感悟;鼓励并引导大学生参加相关重在体验的志愿服务和公益活动,如组织大学生进养老院进行志愿服务,让他们深刻理解敬老尊老的含义;组织开展当地历史名人及重大历史事件的纪念和研讨活动,或借助传统节庆日开展主题活动等,如端午节可以开展爱国主义主题教育。活动要富有创意,精心策划,使大学生在活动中得到感悟,巩固和升华教学效果。

(二) 鼓励高校大学生利用假期,进行相关实地调研

实地调研是实践教学的重要形式,可以鼓励大学生在假期开展社会实践进行相关中华

优秀传统文化教育的调研。教师在推荐选题或布置实践作业时，可以将社会实践作业布置成与中华优秀传统文化相关的社会调查，鼓励大学生组队出行，主动开展调查研究。指导教师应当及时对大学生的调查过程与结果分析进行指导和把关，使大学生在调研活动中真正有所收获和感悟。

总之，要积极丰富实践教学的形式和活动，使大学生在实践活动中亲身体验中华优秀传统文化，提高对优秀传统文化的价值认同，同时加深对高校思政课内容感性体验和理性认识的结合，自觉成为弘扬优秀传统文化的践行者和传承者。

参考文献

［1］曾杰. 论高校思想政治理论课教学的历史视野［J］. 思想政治教育研究，2022，38（1）：99.

［2］曾誉铭. 中华优秀传统文化融入高校思政课的理论思考与实践探索［J］. 思想战线，2022，48（5）：163-172.

［3］陈曾敏. 中华优秀传统文化与思政课的融合维度及实践路径探析［J］. 辽宁省交通高等专科学校学报，2022，24（2）：51-54.

［4］陈彦君. 中华优秀传统文化与高校思政课教学有效融合路径研究［J］. 才智，2023（19）：57-60.

［5］次仁朗珍. 新时代高校大学生家国情怀培育研究［J］. 佳木斯职业学院学报，2023，39（08）：28-30.

［6］代利玲. 中华优秀传统文化与高校思政教育融合的三个维度［J］. 乌鲁木齐职业大学学报，2022，31（4）：37-40.

［7］高雪莲. 中华优秀传统文化与思政课的契合性研究［J］. 魅力中国，2020（17）：201-202.

［8］葛民建，徐文琴. 新时代思政课与中华优秀传统文化教育融合的实践探究［J］. 知识经济，2023，650（22）：178-180.

［9］葛民建，杨艳. 新时代思政课与中华优秀传统文化教育融合的实现路径与方法创新［J］. 南北桥，2022（18）：121-123.

［10］葛民建. 思政课与中华优秀传统文化教育的融合［J］. 文教资料，2021（26）：73-75.

［11］耿重，沈昀，刘小更. 新时代思政课与中华优秀传统文化教育融合研究［J］. 太原城市职业技术学院学报，2021（9）：153-156.

［12］官小波. 浅谈中华优秀传统文化与思政［J］. 南北桥，2023（4）：163-165.

［13］胡颖. 中华优秀传统文化教育与高校思政教育的融合探究［J］. 公关世界，2021

（2）：8-9.

[14] 季爱民. 大学生家国情怀培育探究 [J]. 学校党建与思想教育，2020（1）：64.

[15] 贾若雨. 高校思政教学与中华优秀传统文化的融合研究 [J]. 山西青年，2020（16）：140-141.

[16] 李恒勇. 课程思政视域下道德与法治课融入中华优秀传统文化策略分析 [J]. 问答与导学，2022（29）：132-134，144.

[17] 李红丽. 中华优秀传统文化与高校思政课教学的融合研究 [J]. 辽宁经济职业技术学院（辽宁经济管理干部学院学报），2020（6）：98-100.

[18] 李影，李丹阳. 中华优秀传统文化在高校思政课中实现传承与发展的路径探讨 [J]. 长春理工大学学报（社会科学版），2021，34（5）：35-38，48.

[19] 刘洪亮. 新媒体时代中华优秀传统文化与高职思政教育的融合方法初探 [J]. 湖北开放职业学院学报，2022，35（6）：73-75.

[20] 彭曦. 中华优秀传统文化与思政教育融合研究 [J]. 中学政治教学参考，2023（27）：14-15.

[21] 任宁. 中华优秀传统文化融入高校课程思政的价值与实践路径 [J]. 继续教育研究，2022（8）：101-105.

[22] 宋春华，史慧华. 新时代大学生家国情怀培育的逻辑分析和模式构建 [J]. 广西社会科学，2020（11）：170.

[23] 王美童. 中华优秀传统文化与革命文化资源融入高校思政课研究 [J]. 宁夏师范学院学报，2022，43（11）：37-41.

[24] 王伟伟. 中华优秀传统文化思政教育价值与应用策略 [J]. 中学政治教学参考，2023（15）：5.

[25] 王艳，高鹏. 刍议中华优秀传统文化与思政教育融合之途径 [J]. 新教育时代电子杂志（教师版），2020（16）：256，234.

[26] 王应伟. 大学生思想政治理论课教学方式创新探微 [J]. 淮南职业技术学院学报，2018，18（3）：34.

[27] 肖潇. 思想政治理论课教学主体和主体性辨析 [J]. 湖北第二师范学院学报，2017，34（1）：15.

[28] 谢志文. 关于中华优秀传统文化与中职思政课教学相结合的探讨 [J]. 现代职业教育，2021（8）：182-183.

[29] 杨彩虹. 中华优秀传统文化融入开放教育课程思政的价值与实践探索 [J]. 北京教

育（高教版），2022（10）：59-61.

[30] 姚晓娜. 关于高校思想政治理论课教学评价的若干思考 [J]. 思想理论教育（上半月综合版），2009（3）：62.

[31] 衣永红，孙忠良. 高校思政课强化中华优秀传统文化认同教育的时代价值与实施策略 [J]. 齐齐哈尔大学学报（哲学社会科学版），2023（3）：49-53.

[32] 余涛，杨晗煜，李英林. 中华优秀传统文化融入高校思政的价值与路径 [J]. 河北开放大学学报，2023，28（3）：81-84.

[33] 张莉. 中华优秀传统文化价值融入高校思政课教学的意义与路径解析 [J]. 国家通用语言文字教学与研究，2022（2）：98-100.

[34] 张盛晗. 中华优秀传统文化融入高校思政课的价值与路径研究 [J]. 辽宁经济职业技术学院（辽宁经济管理干部学院学报），2022，124（6）：86-88.

[35] 张艳. 中华优秀传统文化与思政课教学内容有机结合的思考 [J]. 魅力中国，2020（48）：172.

[36] 赵丽君. 大学思政教学与中华优秀传统文化的融合研究 [J]. 郑州铁路职业技术学院学报，2019，31（3）：69-71.

[37] 赵林琳. 思政课与中华优秀传统文化共同体构建的关键 [J]. 湖北开放职业学院学报，2022，35（6）：106-107.

[38] 赵玉娟，刘月霞. 中华优秀传统文化融入高校思政课的功能与路径研究 [J]. 邢台学院学报，2021，36（4）：165-169.

[39] 郑天祥. 高校思政课与中华优秀传统文化融合研究 [J]. 中国军转民，2022（20）：72-73.

[40] 郑永廷. 思想政治教育学原理 [M]. 北京：高等教育出版社，2018.

[41] 中华优秀传统文化与思政课有效融合的关键 [J]. 实践（思想理论版），2020（8）：57.